9—12世纪伊朗的
棉花、气候与骆驼

【美】理查德·W.布利特-著　孙唯瀚 等-译　罗新-校

世界史上的一个重大时刻
A Moment in World History

Cotton, Climate, and Camels in Early Islamic Iran

北京大学出版社
PEKING UNIVERSITY PRESS

著作权合同登记号 图字：01–2016–7314

图书在版编目（CIP）数据

9—12世纪伊朗的棉花、气候与骆驼：世界史上的一个重大时刻 /（美）理查德·W.布利特著；孙唯瀚等译.—北京：北京大学出版社，2022.10

ISBN 978–7–301–33134–7

Ⅰ.① 9… Ⅱ.①理… ②孙… Ⅲ.①伊朗 – 历史 – 研究 – 9—12 世纪 Ⅳ.① K373

中国版本图书馆 CIP 数据核字（2022）第 196057 号

COTTON, CLIMATE, AND CAMELS IN EARLY ISLAMIC IRAN: A Moment in World
History by Richard W. Bulliet
Copyright © 2009 Columbia University Press
Chinese Simplified translation copyright © 2022
by Peking University Press
Published by arrangement with Columbia University Press
through Bardon-Chinese Media Agency
博達著作權代理有限公司
ALL RIGHTS RESERVED

书　　　名	9–12 世纪伊朗的棉花、气候与骆驼	
	9–12 SHIJI YILANG DE MIANHUA、QIHOU YU LUOTUO	
著作责任者	〔美〕理查德·W.布利特（Richard W. Bulliet）著　孙唯瀚 等译	
责 任 编 辑	修　毅　李学宜	
标 准 书 号	ISBN 978–7–301–33134–7	
出 版 发 行	北京大学出版社	
地　　　址	北京市海淀区成府路 205 号　　100871	
网　　　址	http://www.pup.cn　　　新浪微博：@ 北京大学出版社	
电 子 信 箱	pkuwsz@163.com	
电　　　话	邮购部 010–62752015　发行部 010–62750672　编辑部 010–62752025	
印 刷 者	三河市北燕印装有限公司	
经 销 者	新华书店	
	880 毫米×1230 毫米　A5　7.625 印张　129 千字	
	2022 年 10 月第 1 版　2022 年 10 月第 1 次印刷	
定　　　价	56.00 元	

前　言

应邀到哈佛大学作雅沙特尔讲座（Yarshater Lectures），对
我来说，有两方面的意义。首先，我已经在哥伦比亚大学与额
桑·雅沙特尔（Ehsan Yarshater）共事三十多年，我非常乐意借
此机会来介绍他在伊朗学领域的卓越贡献，尤其是非常有价值
的《伊朗学百科全书》（*The Encyclopedia Iranica*），以及将波斯
学者塔巴里（Muhammad b. Jarir al-Tabari）的《历代先知与帝王史》
（*Ta'rikh al-Rusul wa'l-Muluk*）翻译成英文版。其次，我在哈佛
求学、任教十四载，很高兴回到这个曾度过许多快乐时光的地
方。老友罗伊·莫塔赫德（Roy Mottahedeh）教授邀我作一周讲
座，期间热情招待，更使此行充满了乐趣。

然而，在这一系列讲座之后，想到一些读者可能会得出的
结论时，我感到有些不安。因为当我在阐述关于伊朗经济史
的一些新解释时，我似乎在用一种决定论（deterministic）的
方法来研究历史。大约两个世纪以来，历史学家和社会科学
专家一直就人类社会发展中个人的作用展开激烈的争论。阶级

斗争、环境条件、技术能力和经济压力，只被视作决定历史变化的几个抽象因素。然而，任何涉足决定论领域的尝试，都会遇到对以下这个原则的有力强调：主导历史发展的因素是人类的意志和人类的选择，而不是机械论的（mechanistic）力量。

　　奇怪的是，前现代时期的中东历史研究很少参与有关个体能动性的争论。实际上，研究中东地区的学者并不比研究其他地区的历史学家更愿意强调征服者、统治者、法学家、神学家和神秘主义者对历史发展的影响。相反，基于阶级、经济、地理和气候等因素对历史变化的其他解释，很少被提出或广泛讨论。诚然，利昂纳·卡埃塔尼（Leone Caetani）曾将气候变化视为公元7世纪（伊斯兰历1世纪）阿拉伯征服的动因[1]，埃利亚胡·阿什特（Eliyahu Ashtor）也曾强调埃及的马穆鲁克之所以沉迷于酒精，是因为他们受中亚寒冷气候的影响，以致生殖力下降，无法繁衍后代[2]。然而各种决定论的说法，常被人一笑置之，既是因证据不足，也是因人们倾向于把重大历史变化归因于思维和精神的活动，或归因于刀剑和枪炮的威力。

　　马歇尔·霍奇森（Marshall G. S. Hodgson）曾代表大多数伊斯兰中世纪史的历史学家，在其名作《伊斯兰世界的历程》（*The Venture of Islam*）中，他曾阐述这一研究领域的"指导原则"：

　　我们可以将个体行动分为三类。首先，有些是在历史
上偶然发生的（historically accidental）。其次，有些是历史
累积型的（historically cumulative）——因为满足群体经济、
审美甚至精神上的利益……最后，还有一些必须被称为具
有历史创造性的（historically creative）……偶然的行动可
能在短期内具有决定作用……但通常在长时段历史中可以
忽视……（对于累积型行动）我们必须研究引发这些行动
的利益，方可有嘲讽的观察……我所说的那些创造性行动
在长时段历史中会具有深远的道德意义，它们发生作用，
靠的与其说是强化基于相同利益的行动，不如说是打开新
的、其他人群积极回应的可能性。[3]

　　霍奇森讲的都是个体的行动，但总的来说，就我所理解的
霍奇森所说"历史累积型的"，个体行动通常源于利益驱动。也
就是说，霍奇森在这里设想的，人是作为群体的一员而行动，
这个群体受到来自经济、审美和精神环境的强制压力。霍奇森
视研究这种强制压力为历史学家"嘲讽"的观察，并明确表现
出对这些研究的鄙视，认为它们关注的焦点在个人无法控制甚
至可能都没有主动性知识的那些问题上。

　　霍奇森比较了具有长时段影响的"创造性"个体行动。这一
提法与黑格尔的"世界历史"（world-historical）理论中关于个体

的观点有相似之处。黑格尔认为，"世界历史"中的个体行为推动了精神的进步，精神的逐步实现是世界历史的本质和方向。但霍奇森对"创造性"个体的评价依据的是他的长时段道德意义，而黑格尔则为他的"世界历史"中的个体免除了通常的道德价值计算。

> 精神的绝对目的所要求和实现的——天意所要求的——超越了由于社会关系而依附于个体身上的义务，归责的责任，以及对善或恶动机的归因。那些站在道德制高点上，由此而怀着崇高的目的的人们，他们抵制精神观念的进步所必需的思想，其道德价值高于那些为了实现这一原则，而把犯罪转化为手段的人们。[4]

霍奇森将野蛮的征服者排除在他的"创造性"历史个体的范畴之外，从而与黑格尔保持距离。他偏爱道德崇高的人物，比如哈拉智（al-Hallaj）或伊本·泰米叶（Ibn Taimiya）；在这种偏好之下，我似乎听到了基布（H. A. R. Gibb）1960年在哈佛大学讲课时的论调，他所描绘的本质上是倭马亚王朝8世纪（伊斯兰历2世纪）道德上的失败，相较而言，萨拉丁在四个世纪后团结穆斯林世界对抗十字军则是根本的道德成就。

道德崇高的英雄有时与黑格尔"世界历史"理论中的人物

重叠，正如托马斯·卡莱尔（Thomas Carlyle）的名著《论英雄、英雄崇拜和历史上的英雄业绩》（*On Heroes, Hero-Worship, and the Heroic in History*）所指出的，穆罕默德本人就是这样一个突出的例子。[5] 但是作为一个历史学家，我喜爱的不是历史英雄，而是寻常的男男女女。阿拉伯征服之后的几个世纪里，人们不得不做出艰难的抉择，决定自己是不是做穆斯林，这些抉择是平衡各种社会和经济压力的结果。在我看来，这一观察角度谈不上愤世嫉俗。从长远来看，那些经过长期道德或精神上深思熟虑而选择成为穆斯林的人，比起那些为了获得经济利益或取悦亲族而信仰伊斯兰教的人，并没有发挥更大的历史作用。总的来说，在大规模穆斯林社会的形成过程中，他们渐渐变得难以区分。一个德高望重的神学家或神秘主义者，不会因祖上出于物质需要信奉伊斯兰教而受到道德上的谴责。他的曾祖父之所以皈依伊斯兰教，是因为给阿拉伯地主种植棉花，比给琐罗亚斯德教村长收割小麦，更能养家糊口。

当我更多地研究黑格尔有关个体历史作用的论述，我认为，环境恶化时，游牧家族的首领做出寻找新牧场的决定，对历史的影响远大于部落汗王派众多战士外出掳掠。掳掠者来了又走了，他们的头领因威力与杀掠而扬名。然而，普通人为牧养牲畜做出的集体决定所导致的大规模迁徙，其历史影响远比掳掠几个大城市要长久得多。

因此，在这些讲座中，尽管我重构了伊朗农业和气候的发展，并指出这些发展对伊朗乃至世界历史进程所产生的深远影响，但我并不是要提倡经济或气候决定论。我依然坚定地相信个体能动性对历史的重要作用。同样地，我也相信，普通个体在个人生活的复杂性和错综复杂的压力下所做出的决定，为历史发展提供了一种推动力，他们的思想和行为值得我们重视和研究，就像霍奇森对待他的道德英雄或黑格尔对待具备"世界历史"意义的个体那样。

§§§

我要感谢好些人的帮助与宝贵建议：Ann Kahn 和 David Koenig，他们多年前收集了关于巴格达天气的资料；Peter Sinnott，他在中亚地理方面给我提供了丰富的专业知识；Jamsheed Choksy 在琐罗亚斯德的问题上给我同样的帮助；Asef Kholdani 指导我理解了《库姆编年史》(Ta'rikh-e Qum)；还有 Mohsen Ashtiany，他让我看到了他和 C. E. Bosworth 在额桑·雅沙特尔赞助下准备的 Bayhaqi 的新译本，他对手稿做了很多宝贵的评论；Ramzi Rouighi 对概念夸张的批判眼光让我不至于夸大其词；最重要的是，Hossein Kamaly 在文献目录方面的专业知识、语言技能，以及对讨论广泛问题和细节问题无穷无尽的兴趣，这些都十分珍贵。哥伦比亚大学 Lamont-Doherty 地球观测站年轮实验室的 Rosanne D'Arrigo 和 Gordon Jacoby 慷慨提供了宝贵的技术支持。无须多言，书中仍存在的错误完全是我学识不足造成的。我还要感谢 Carole Frohlich 对插图的帮助。

注释

1. Neville Brown, *History and Climate Change* (London, Routledge, 2007), 111.

2. 个人交流，1973年。这个话题是阿什特教授特别感兴趣的，他那时是一位有代表性的伊斯兰中世纪经济史专家。

3. Marshall G. S. Hodgson, *The Venture of Islam*, vol. 3 (Chicago: University of Chicago Press, 1975), 5-6.

4. Georg Wilhelm Friedrich Hegel, *The Philosophy of History* (London, The Colonial Press, 1900), 67.

5. 参见该书第二章，"作为先知的英雄。穆罕默德：伊斯兰教"，可在线查看www.guttenberg.org。

目　录

如何辨识棉花大繁荣

　　前伊斯兰时期伊朗高原经济发展、城市扩张或出口制造业的情况，历史学家还不大清楚。不过，这个地区在公元9—10世纪（伊斯兰历3—4世纪）已经成为伊斯兰世界生产力最强盛、文化最活跃的地区。这是在阿拉伯军队征服伊朗高原后一个半世纪中发生的。[1]新兴繁荣景象背后的推动力，正是棉花种植的热潮。

　　公元11世纪（伊斯兰历5世纪），棉花繁荣在伊朗北部逐渐消失，农业经济总体上遭受严重打击。与此同时，突厥语游牧人群第一次大规模迁移到伊朗。这导致了长期的经济变化，以及持续很多世纪的突厥人政治统治。引发该地区农业衰落与突厥人最初移民的因素，就是伊朗气候的显著变冷，寒冷气候持续了一个多世纪。

　　以上是本书的主要论点。尽管支持这些论点的证据集中在伊朗，但它们蕴含的意味非常深远。伊朗的繁荣与萧条，不仅影响整个伊斯兰世界，而且通过向西与地中海贸易的联系，以及东方印度穆斯林社群的发展，波及全世界的历史。伊朗气候恶化也产生了同样的影响，不仅引发了突厥部族从欧亚草原向中东的第一次重要迁徙，而且还引发了受过良好教育的伊朗人向邻近地区的大规模移居，从而使这些地区开始受伊朗宗教观、制度及波斯语的影响。更广泛的影响和意义将在本书最后一章讨论，此处先阐明这两个以前还没有人提出过的论点。

2

说伊朗曾经历过一场具有革命性的棉花大繁荣，随后又经历了同样具有革命性的气候变化，如果证据充足、明晰且容易获得，那么先前的历史学家早就会加以利用了。因此，接下来的几页，我要展开的将不是一个简单直接的叙事，而是一系列基于证据的论点，这些证据本身可能就有各种各样的解释。

关于后一个论点，即伊朗气候变冷，关键的证据是明确的，但直到最近才有关于蒙古西部树木年轮分析的研究发表。因此，问题不在于是否存在科学上可靠的数据，而是在多大程度上，适用于蒙古西部的信息可以用来分析1500英里以外的伊朗北部。这个问题，将连同各种确证资料，在第三和第四章予以讨论。

　　有关伊斯兰世界早期棉花热潮的依据是早已存在的出版资料，我会在本章和下一章用量化分析的方法揭示蕴含在这些资料中的秘密。将量化分析应用于已出版的传记词典（biographical dictionaries）和其他文本材料的方法，构成了本书的第三个主题。

　　1970年，哈伊姆·J.科恩（Hayyim J. Cohen）发表了一篇量化研究的文章，对4200名穆斯林精英的经济地位和世俗职业进行了研究，其中大部分人是乌理玛（ulama，伊斯兰教学者）或从事其他宗教事务。他将研究对象限定在那些死于公元1078年（伊斯兰历470年）之前的人。[2]他收集了19个资料汇编中的3万条个人传记，这些资料阿拉伯语称为 tabaqat（分类记事）。这类作品在英语中通常称为传记词典。科恩在所选取的用于定量分析的个人传记中，发现了一部分人具有特定的经济指标——例如鞋匠、铜匠或裁缝等职业称谓——作为传记主题的个人姓名的一部分。科恩使用的所有资料汇编涵盖了从北非到中亚的整个阿拉伯帝国。除了一本专门关于阿巴斯王朝首都巴格达的多卷合集外，没有一本是专门针对某个特定省份或城市的。

3

通过姓名中带有职业标志的称谓，科恩发现，当时最常见的经济活动是与纺织业有关的商业活动。他由此推断，纺织业是乌理玛最重要的经济支柱产业。在9—10世纪（伊斯兰历3—4世纪）死亡的人中，纺织业从业者占20%到24%。科恩没有具体说明，他究竟将哪些称谓归入了"纺织业"的类别，也没有说明每个称谓的相对重要性，但他的文章所附的纺织行业总清单包括丝绸、羊毛、棉花、亚麻和毛毡的生产者和销售者，以及用这些材料制成的衣物。（他的分类中尚不清楚的是，皮草是归类为纺织品还是皮革制品。）

科恩的研究只使用了他所收集的个人传记总数的14%，因为在之前一个时期，姓氏开始变得固定并且代代相传，一个人的身份可以从姓氏中各种各样的称谓看出来（如籍贯或者居住地、职业、官职、杰出的祖先）。一些称谓是人们自己选择的，另一些则是源于人们惯常使用的称谓。不过，这也是合理的推断，根据姓名中包含的贸易信息，分析其中14%的人的职业分布情况，就可以大致看出三万多名伊斯兰学者的经济状况。总的来看，在12世纪（伊斯兰历6世纪）之前的伊斯兰社会，宗教并不是一项非常有利可图的职业。因此，大多数穆斯林学者，不像基督教神职人员那样可以单靠教堂或修道院的收入维持生计，而必须再从事其他世俗的活动来维持家庭生计。可以肯定的是，一个富裕的商人或工匠的儿子，可以有闲暇和精力接受宗教方面的高等教育，他可能会以父亲的职业而不是他自己的职业来作为姓氏，但是他似乎不太可能用一个与他自己或者家庭经济地位完全不相符的姓氏。因此，无论科恩使用的是第一手还是第二手文献，里面都有大量与纺织业相关的名字，而不是完全与纺织业无关的诸如"渔夫"或"陶工"之类的名字。这几乎可以肯定地反映出传记词典中所收录的这类人一般的经济水平。

科恩的研究为我们提供了一个新的基准线，可用于那些专门针对一个城市大量的个人传记汇编的平行分析，这城市即位于伊朗东北部呼罗珊省的大都市尼沙布尔（Nishapur）。[3]在科恩研究的时段中，尼沙布尔的人口从大概 3000 人增长到近20 万人，这座城市是阿拉伯帝国最具活力、人口最稠密的城市之一，可能仅次于巴格达。[4]这项研究由著名的宗教学者哈基姆·尼沙布里（al-Hakim al-Naisaburi）编纂成多卷本，如今仅存于一个节录之中，除了传记主人的名字，几乎没有其他信息。但这对我们的研究来说足够了。

表 1.1 显示，在每一个时期，尼沙布尔个人从事基本纺织品贸易（"纺织品总量"）的比例，比科恩所分析的阿拉伯帝国整体比例普遍高出 50% 至 100%。如果把特定服装的裁缝和销售商包括在内，纺织在尼沙布尔宗教精英的经济生活中所占的主导地位可能会更大，但他们都被排除在统计之外，因为我们

不清楚科恩的统计中究竟将哪些人包括在内了。

表 1.1　哈基姆编写的《尼沙布尔编年史》(*Ta'rikh Naisabur*) 中的
职业称谓

时间（公历 / 伊斯兰历）	第一阶段：795—863 年 / 179—249 年	第二阶段：863—906 年 / 249—293 年	第三阶段：906—926 年 / 293—314 年	第四阶段：926—994 年 / 314—384 年
QATTAN：棉农	0	4	5	8
BAZZAZ：棉纺织品商人	3	6	7	10
KARABISI：经营厚重棉纺织品商人	0	1	3	15
棉花相关称谓总计	3（11%）	11（22%）	15（35%）	33（42%）
其他纺织品商人	8	8	0	7
纺织品相关称谓总计	11（40%）	19（38%）	15（35%）	40（51%）
商人称谓总计	27	50	46	78

5　　　　特别是在 10 世纪（伊斯兰历 4 世纪）的尼沙布尔，仅棉农和棉织物供应商就占了所有职业称谓的 35% 到 42%。科恩注意到了这个很高的比例："至于棉花，穆斯林宗教学者的传记表明，呼罗珊省是棉花生产的一个重要中心。"[5] 由于一直到 9 世纪（伊斯兰历 3 世纪）后三分之一的时间里都没有出现任何棉花种植园，所以棉农和商人的这种优势就更加突出了。换句话说，如果伊朗真的经历了一场革命性的棉花热潮，就像这里

所说的那样，它似乎只是在 9 世纪（伊斯兰历 3 世纪）末才出现在尼沙布尔。然而，我们稍后将会看到，其他类型的数据显示，棉花在一个世纪前就开始成为远在西边的伊朗中部的一个主要产业。

同样有意思的是，在表 1.1 的第一阶段，也就是尼沙布尔的大规模繁荣开始之前，有 5 个人从事的是毛毡贸易，而不是棉花贸易。毛毡是中亚游牧人群生产的一种商品，由商队进口到伊朗。9 世纪（伊斯兰历 3 世纪）初，中亚的进口商品仍占据着尼沙布尔的纤维制品市场，这一线索可以被毛皮贸易所佐证，因为当时还有 5 个经营皮草的商人。（因为我不确定科恩是否认为皮草是一种纺织品，所以我没有在表格中包含皮草。）总而言之，在棉花兴起之前，毛毡和皮草这两种来自伊朗东北部边境以外的产品，加起来占尼沙布尔宗教精英们所有的纺织品或纤维制品贸易的 30%。

尼沙布尔的乌理玛的经营偏好，明显地从进口的毛毡和皮草转变为当地生产的棉花。9 世纪（伊斯兰历 3 世纪）的后三分之一时间（863—906 年，伊斯兰历 250—315 年），也就是表中第三阶段的数据，证实了这一变化。当时，棉花很显然是一种新出现的主要商品，在所有与贸易相关的姓氏称谓中所占的比例从 11% 上升到 22%，但当时记录中仍有 3 个毛毡商人和 2 个皮草商人。然而，在第三阶段和第四阶段，包括 11 世纪（伊斯兰历5世纪）的恐慌时期，毛毡商人从哈基姆·尼沙布里的汇编中消失了，里面只提到1个皮草商人。进口纤维制品不再是尼沙布尔宗教精英经营的主要兴趣。

对于持怀疑态度的读者来说，从几百名宗教学者的职业称谓比例的变化中推断出棉花热潮，似乎有些牵强。但抛开精确的数据计算不谈，在伊斯兰教早期的几个世纪里，棉花显然成了伊朗经济的重要组成部分。比较科恩的数据，可以发现棉花在伊朗的作用远远大于在阿拉伯帝国所有纺织生产总体中的作用。特别要考虑到，如果科恩从他的统计表中系统地排除了伊朗人，那么非伊朗籍乌理玛参与纺织品贸易的总数将明显降低。

然而，有一个更为惊人的证据，证明棉花作为一个**关键**作物的出现对伊朗农业经济具有重要历史意义。这个证据就是在7世纪（伊斯兰历1世纪）阿拉伯征服之前的萨珊王朝，伊朗高原很少或者说几乎没有棉花种植。[6]这一说法的可靠性，正是本章论点的基础。因此，我们需要对这个说法所依据的证据进行一番细致的考究。

尽管至少有一位学者——帕特丽夏·L. 贝克（Patricia L. Baker）在其著作《伊斯兰纺织业》（*Islamic Textiles*）中断言，在伊斯兰教崛起之前，大量棉花从伊朗东部出口到中国[7]，但《剑桥伊朗史》（*The Cambridge History of Iran*）则采取了更为谨慎的立场："对萨珊王朝纺织业的研究……几乎完全缺乏事实性的信息。历史资料的贫乏与当时纺织相关文献的缺乏是一致的。"[8] 在这句导言之后的讨论主要涉及丝绸，其次是羊毛，并没有提到棉花。

然而，贝克的陈述中提到了与中国和"伊朗东部"省份的贸易，这些省份可能已经超出萨珊王朝的边界。事实上，来自萨珊边境东部的证据确实证实了那里存在棉花种植，但这与大规模生产或贸易的情况相去甚远。（萨珊边境东部地区与今伊朗和土库曼斯坦的边境大致重合。）此外，这一说法也强烈暗示中国与印度的联系，而不是与萨珊王朝统治下的伊朗高原的联系。[9]

考古学家们在梅尔夫（Merv）也就是如今伊朗东北部边境的一些农业遗址中，发掘出了一些棉籽，这些棉籽最早可以追溯到 5 世纪。考古学家还在阿富汗北部的贵霜帝国（Kushan Dynasty）的王室墓葬中发现了一些棉纺织品，这些纺织品的时代大约是 1 世纪。[10] 在丝绸之路的另一端，还有一些中文记载偶尔提到棉花最早出现于"汉代（结束于公元 220 年）或汉代之后"[11]。同时还有中文史料记载，公元 331 年，来自中亚地区费尔干纳（Ferghana）（今乌兹别克斯坦的一部分）的使节，带着包括棉花和珊瑚在内的贡品，来到中国西北的甘肃觐见了当时前凉政权的王室。

关于珊瑚的记载是第一个线索，可以证明印度在棉花向中亚传播过程中扮演了关键角色。印度不仅是棉花的原产地，也

7

是比伊朗更有可能的珊瑚来源地。此外，贵霜帝国和后贵霜时期（即公元后的五个世纪），印度佛教在中亚西部地区的扩张十分迅速，这为佛教传入中国奠定了基础。大约有 150 名佛教僧人的名字被史书记录下来，其中包括印度人和中国人，他们经过连接中国北部和亚洲内陆的甘肃，在公元 2 世纪到 6 世纪期间推动了佛教在中国传播。[12] 为弘法长途跋涉的僧人们的行经路线表明，到印度求取真经的僧人通常都是从西北部的甘肃出发，沿丝绸之路到粟特（Sogdia，今乌兹别克斯坦），粟特是阿姆河（Oxus River）以东和以北的一个地区；然后，这些僧人向南转到巴克特里亚（Bactria），这里曾是阿富汗北部古贵霜帝国的领土。他们从那里穿过兴都库什山（Hindu Kush）的垭口进入印度。虽然沿途佛教寺庙都被详细记录，却没有一条记录表明这些僧人的行踪延伸到了萨珊伊朗。至于棉花作为丝绸之路贸易商品的相对重要性，中国最近在丝绸之路的主要贸易中心和田（Khotan）挖掘出了许多纺织品碎片，其中 85% 是羊毛制品，10% 是丝绸制品，只有 5% 是棉制品。[13] 其他资料则强调丝绸是当时贸易的主要商品。[14]

文献学的证据还指出，中国的棉花源于印度，经巴克特里亚和粟特引进。在和田当地使用的伊朗语也就是于阗塞语（Khotanese Sake）称棉花为 *kapaysa*，这个词后来在内亚突厥语中演化成 *kaybaz* 一词。很显然这个词是来自梵语中意为棉花的

karpasa 一词。类似的起源还有波斯语中的 *karbas* 一词，穆斯林时期这个词专门用来指一种厚重的棉布。[15]

在表 1.1 中出现的职业称谓 *karabisi*，在 10 世纪末已经在尼沙布尔非常常见，这个词是 *karbas* 的复数形式，意思是从事 *karabis* 贸易的商人。然而，这个词的复数形式是阿拉伯语的语法规则而不是波斯语的规则，一般波斯语都写作 *karbas-ha*。因为在阿拉伯军队入侵萨珊帝国之前，伊朗东北部很少有人讲阿拉伯语，所以这个词的形式意味着，即使在伊斯兰教出现之前，源于梵语的棉花一词在中亚和内亚地区已经为人熟知，但 *karbas* 这个概念到伊斯兰时期才进入呼罗珊省。这也符合 *karbas* 一词在尼沙布尔棉花产业中相对较晚盛行的情况。*Karabisi* 这个职业称谓在伊朗西部地区非常少见，那里的棉花种植比尼沙布尔出现得更早。

综上所述，在阿拉伯征服之前，棉花是在中亚城市中心附近种植的，如梅尔夫、布哈拉（Bukhara）、撒马尔罕（Samarqand）和费尔干纳等，这些城市在夏季生长期都有河水提供灌溉水源，但当时棉花的商业价值是有限的。虽然不能说棉花在伊朗高原的培植是未知的[16]，但直到阿拉伯征服之后，棉花才开始成为伊朗中部主要的经济作物。可是，那些地方在棉花漫长而炎热的夏季生长期，几乎没有河水可以提供灌溉水源。这就提出了几个关键问题：是谁把棉花引进到伊朗高原的？棉花在哪里生长？如何灌溉？卖给谁？棉花为什么会在市场取得成功？最令人难以捉摸的是，棉花与伊斯兰教又有什么联系？

　　回答这些问题之前，必须先陈述一些背景。历史学家普遍认为，在伊斯兰教早期的几个世纪里，在伊朗高原中部沙漠周围的山区，城市化和文化生产出现显著的快速增长。像尼沙布尔、雷伊（Rayy）和伊斯法罕（Isfahan）这样的城市，此前并不是主要的城市中心，后来发展到超过 10 万人的规模。何以会出现这种增长？历史学家提出了几个解释。安德鲁·沃森（Andrew Watson）认为，新作物的传播增加了热量的生产，从而引发了人口激增。[17] 我的看法是，改信伊斯兰教引发了从农村向城市的迁移。[18] 还有一些更宏观的解释，将经济增长与政治统一联系起来，认为穆斯林在政治上统一了此前由拜占庭和萨珊两个君主统治的领地，从而促进了经济发展。然而，所有这些解释或多或少都缺乏伊朗的经济数据作为基础。

　　中世纪伊斯兰世界的经济史是出了名的难以研究。几乎不存在最基本的财政档案，那个时期散乱无章的文件也很少提及经济问题。铸币数量不少，铭文内容也很丰富，但关于货币学家研究的金第纳尔（dinar）和银迪拉姆（dirham）与实际商业交易的关系，只有零星信息——当时的物价是多少？人们的工资是多少？货物的产量是多少？[19]

地理学家和旅行者有时确实会接触到诸如贸易路线、出口商品和制造业等相关问题。但他们的解释很少在数量、价值和人员等问题上给我们启发。比如说，我们知道大黄、绿松石以及可食用的黏土都是从尼沙布尔出口的珍贵商品，但我们不知道这些商品每年的出口量究竟是以数十磅计还是数千磅计，也不知道典型的商品究竟价值几何，买家是谁，有多少人从事其生产和运输。

当然，纺织品与大黄、绿松石等稀世珍宝或奢侈品是不同的。长期以来，它们在世界贸易中扮演着非常重要的角色。世界各地的人们都需要穿衣服，与本地生产的纤维制品相比，进口纤维制品在一个地区的纺织市场占据主导地位并不罕见。中国古代的丝绸，中世纪晚期和近代早期欧洲西班牙和英国的羊毛，19世纪美国、埃及和印度的棉花，20世纪澳大利亚的羊毛，都是纤维制品在外贸经济中发挥重要作用的典型例子。

在现代社会之前，除非拥有足够大的市场规模和盈利能力，以抵消陆运或海运的成本与风险，任何出口商品都不可能在市场占据主导地位。陆运或海运曾是非常昂贵、充满危险而且非常缓慢的。对于长途贸易来说，最理想的商品是重量轻、价值高、需求稳定、易于包装和不受运输时间影响的商品。新

10 　鲜的食物因为可能会变质或受到粗暴的处理，所以不会长距离
运输，而干燥或腌制的食物就能运到很远的地方。在不同的时
间和地点，植物油、酒、谷物、干豆、水果和坚果、咸鱼、腊
肉或腌制牛肉都为利润丰厚的出口市场提供了商品。不过，一
些商品的单位价值很低，需要大批量才能获得可观的利润。相
比之下，属于奢侈品类别的商品，如调料、香料、染料和宝
石，往往体积小，利润高。然而，这些东西的市场需求经常是
变化的，因为一个社会对没药（myrrh）、生姜或绿宝石等商品
的需求量是有限的。此外，其中一些产品，如肉豆蔻、高品质
乳香和青金石，都来自有限的几个地区，如印度尼西亚的班达
群岛（Banda Islands）、阿曼的杜法尔省（Dhufar）和阿富汗的
巴达赫尚（Badakhshan）。

　　与前面提到的所有商品不同，纺织纤维制品满足了市场适
应性的每一项考验。无论以未加工的毛线、纱线还是成品织物
的形式运输，纺织纤维制品都能抵御腐烂变质，都可以高效地
打包，拥有稳定的需求，而且还能根据加工和制造的程度，拥
有相对其体积而言较高的货币价值。在这些纤维制品中，羊毛
和其他的动物毛发（用来制造毛毡）比棉花、亚麻或蚕丝更不
容易适应市场需求的变化。可以肯定的是，为了增加羊毛的产
量，当时的西班牙和英国大规模地将农田变成了牧场。但是，
在灵活性要差很多的中东地区，那里的畜牧业在干旱或半干旱

地区采取了大规模的游牧形式。游牧民制作的毛织物和毛毡，主要供他们自己使用，偶尔也会出售，但大多数牧场离商业中心太远，不适合大规模销售羊绒或羊毛。对于一个需要满足或刺激消费者不断增加需求的商人来说，他不得不改进原材料收集和市场营销的技术，或者扩大牧场的面积，或两者兼而有之。因为游牧民经常在不同的牧场间奔波，前一种选择是困难的。后者也是如此，因为可能涉及与土地耕种者或土地所有者的冲突，这些人为了自己的利益会阻止动物进入他们耕种的土地。因此，在中东和中亚的游牧经济中，纤维制品生产通常处于次要地位。例如，跨中亚骆驼商队中曾经有一群人，他们拿着大麻袋，在双峰驼春季脱毛时跟在后面，收集掉在地上或灌木上的驼毛，再出售这些毛发。但骆驼主要用作驮畜，毛发只是附属品而已。

　　蚕的生长依靠植物纤维和桑叶，这样养蚕本身就具备更大的灵活性。同大多数其他农作物一样，养蚕的规模可以根据市场情况增加或减少。然而，棉花、亚麻和丝绸在技术要求上都有着很大的不同。[20] 丝绸生产的情况是最为人熟知的，蚕需要精心饲养然后再杀死它们，蚕茧的纤维也需要大量劳动才能解开。亚麻布的生产也需要大量的劳动。亚麻成熟之后，需要通过精梳去掉上面的种子，再完全暴露亚麻内部的纤维。这道工序称为沤麻，这一工序除了地面部分，还要经过大量的水浸泡。接下来是脱水，包括磨压、打麻等工序，亚麻纤维经过这些工序从亚麻的木质中分离出来。完成这些工序之后剩下用于纺织的亚麻纤维，只占所收获亚麻作物的15%。

相比之下，棉花加工的工序就没有那么复杂和麻烦。主要的操作包括打散棉铃，以便将棉纤维和棉籽分离，同时清除粘在上面的泥土，之后用手或轧花机除去棉籽，最后是梳棉，也就是把棉纤维拉出来便于纺纱。[21] 此外，作为出口商品，棉花相比亚麻和丝绸还有另一个优势。亚麻作物和桑树可以生长在温差很大的温带气候区，但棉花是严格意义上的喜暖作物。因此，在那些没有漫长炎热的生长季节、当地耕种需要大量水源的温带地区，只要棉布开始被那里的人们熟知，其质量开始得到人们赞赏，往往都会出现对进口纺织品的需求。

以上分析得出的结论，即棉花在历史上是地区间贸易最重要的商品，可能会略有些夸张，但棉花种植对整个经济的支持能力是毋庸置疑的。印度、尼罗河流域、美国南部和苏联中亚地区（Soviet Central Asia）的历史都证明了这一点。因此，关于伊朗，我们要问的不是棉花种植是否有可能改变中世纪的伊朗经济，而是它是否真的改变了伊朗的经济。

前伊斯兰时期和伊斯兰早期的伊朗，一样都缺乏经济方面　12
的证据。对萨珊王朝的研究通常只笼统地谈到伊朗高原的农
业。学者们一致认为，当时的主要作物是小麦和大麦，其他粮
食作物的产量较少，仅供当地人食用。在农业技术领域，学者
们有理由相信，伊朗农业最显著的特点，就是使用被称为"坎
儿井"（qanat）的地下暗渠为干旱的土地带来灌溉用水，这项
技术可以追溯到公元前 6 世纪到前 4 世纪的阿契美尼德王朝。[22]
然而，与泉水和自流井、自然降水、季节性径流或地表溪流及
灌溉渠相比，我们没有办法对以坎儿井灌溉作物的频率进行
衡量。

在关于萨珊王朝农业经济的总体概述中，伊朗高原地区似
乎只生产了少量出口商品，主要是坚果、果干和藏红花。土地
的控制权掌握在大领主和小乡绅手中，他们通常被描述为拥有
一种乡村的生活模式。庄园式的生活模式在中世纪欧洲农业经
济的描述中很常见，在伊朗的情况是，领主的土砖城堡和附属
建筑以及附近的一个或多个村庄组成了自给自足的经济单位，
这种模式的描述或许非常可信。当领主拿走他的那份收成后，
村民们或多或少可以自给自足。小麦和大麦为人类和牲畜提供
了基本的食物。当政府以实物收税时，大量的粮食可能储存在

统治者的仓库里，但我们几乎没有理由认为，粮食曾在伊朗高原地区大量出口。由于当时没有港口，也没有可通航的河流，陆路运输对于这种体积庞大、价值低廉的商品来说太昂贵了。相反，储存的谷物可能被分配给当地的军政人员和过境的军队，或偶尔用于缓解干旱或其他地方灾害造成的困难。

伊朗高原上的城市，尤其是在高原北部丝绸之路西部沿线的城市（从今天的土库曼斯坦边境一直延伸到伊拉克的巴格达），似乎典型地都由一个与围墙相连的要塞构成。从中世纪城市密度的标准比例来看，这样一个围墙环绕的城市通常可以容纳几千人。然而，城墙内还有专门在农村动荡时为村民们提供庇护的开放空间，这很可能会使城市人口被低估，被低估的人口大约是 3000 人到 5000 人。除了防御侵略并提供庇护，这些城市的主要目的是服务和保护美索不达米亚与中亚、中国或印度之间的商队贸易。在伊朗高原的西南部，法尔斯（Fars）和胡齐斯坦（Khuzistan）似乎有更大的城市中心，这些城市与美索不达米亚等地相对成熟的城市化文化也有着更强的联系。

关于萨珊王朝时期纤维使用的信息主要集中在社会精英阶层。视觉证据、留存下来的织物标本和文献资料都清楚地表明，上层社会喜欢织有精细图案的丝绸服装。植物和动物图案通常都出现在重复的几何背景之上。尽管伊朗最终出现了大量的丝绸生产者,但萨珊时期的丝绸大多来自中国,是丝路商队的主要货物。[23] 然而,许多图案明显是伊朗的,这表明要么是进口生丝在运抵伊朗后织成,要么是中国出口商专为出口设计纺织的。萨珊王朝使用的纺织技术相当复杂,但我们对作为一种贸易的萨珊纺织却知之甚少。如果纺织在伊斯兰时期遵循了之前的职业模式,那么很可能纺织者在萨珊时期并不享有较高的社会地位。至于普通村民,关于他们衣着的记录甚少,尽管羊毛会毫无疑问地与亚麻或大麻一起使用。

被广为接受的伊朗史宏大叙事将伊朗高原地区视为下美索不达米亚(lower Mesopotamia)重要省份的农村腹地。这些宏大叙事描绘了一个由武士贵族统治的国度,贵族们的生活以战争、狩猎和宴乐为中心,他们的审美情趣被丝绸锦缎服装、金银餐具和饮酒器皿充分满足。贵族和普通村民之间存在着一条巨大的鸿沟,二者之间的社会阶层几乎不存在。由于缺乏大型的、充满活力的城市,制造业和市场经济都很不发达。

在伊斯兰早期,这种模式发生了改变。阿拉伯的征服粉碎了萨珊王室的权力,削弱了(但没有摧毁)大贵族家族的统治。[24] 虽然王室产业和琐罗亚斯德教的神庙土地都成为阿拉伯帝国的财产,但大地主和小地主贵族继续控制大部分农业用地,这种情况正如一个经常出现的概念 *dihqan* 所反映的,这个概念在 11

14

15

世纪（伊斯兰历5世纪）时，同时意指大地主和小地主这两个群体。征服萨珊王朝后，阿拉伯征服者在全国的战略要地都建立了军事要塞和统治中心。这些受阿拉伯穆斯林影响和控制的据点，从一开始就是经济中心。当地政府官员监督税收工作，相当一部分税收留在了行政据点，其余部分被送往西边的阿拉伯帝国首都大马士革或后来的巴格达，或圣城麦加和麦地那。留在当地的税款，很大一部分作为军饷分配给阿拉伯驻军，从而使他们获得了购买力。不奇怪的是，这一新阶层的武士消费者吸引了愿意满足他们需求的工匠和商人。这些人有许多是信奉伊斯兰教的伊朗人，他们希望与其他穆斯林生活在一起；有些则是基督徒、犹太人或更少的琐罗亚斯德教徒。随着时间的推移，由阿拉伯帝国控制的军事行政据点的规模越来越大，逐渐发展为成熟的城市。然而，这种政府的地理格局和新兴城市的发展本身，与农业腹地毫无关系，这些腹地在阿拉伯帝国统治的第一个世纪里和接下来的时间里可能延续了萨珊王朝的税收程序。

为了论证棉花热潮促使经济发生剧变，我们将讨论土地所有权、灌溉和农产品市场之间的联系。以下几条将概括本章其余部分的主要论述思路：

1. 阿拉伯穆斯林的新精英阶层，以及最初的一小部分改信伊斯兰教的伊朗人，都力图成为土地所有者。

2. 为了获取传统琐罗亚斯德教地主的土地，在没有相关政策的情况下，穆斯林征服者利用伊斯兰教法中的一项原则，将土地所有权授予任何将荒地用于生产的人。

3. 在中央伊朗高原附近广阔干旱的山麓地带，可以利用伊朗传统技术来挖掘地下坎儿井以利于耕种。

4. 建造坎儿井本身就非常昂贵，而招募农场劳动力并在新开垦的荒漠土地上建造村庄的必要性，更使成本大大增加。

5. 用坎儿井灌溉的土地上种植小麦和大麦的生产成本更高，但其产量可能高于较廉价的灌溉方法，比如自然降雨或从地表溪流引水的灌溉渠。

16

6. 与小麦和大麦通常作为冬季种植的作物不同，棉花是夏季作物，因为它既需要漫长炎热的生长期，又需要坎儿井提供稳定的灌溉。

7. 鉴于这些考虑，希望成为土地所有者的穆斯林富人出资挖掘坎儿井，并在他们后来拥有的荒漠土地上建立起村庄。为使投资能有回报，他们选择种植棉花并将其投入不断增长的城市纺织品市场，并逐渐投入利润丰厚的出口市场。

8. 在公元9世纪（伊斯兰历3世纪）的一段时间里，伊朗出现了二元农业经济（dual agriculture economy）的迹象——传统琐罗亚斯德教地主主要种植冬季谷物，穆斯林主要种植夏季棉花。

　　以上一些论点，尤其是最后一点"二元农业经济"的概念，对于我们所研究的时代而言太过于现代了。这些论点假设了当时存在一定程度的市场理性，其实这种理性肯定是不存在的。这些论点还忽略了当地的社会、政治和经济的变量，包括诸如与市场的距离这样显而易见的因素。这些论点以为，农业投资的计算可以完全不切实际地排除其他非经济因素（如农村安全、种族摩擦、家族内竞争）。而且还忽视了这样一个事实，即在中亚地区，人们已经对棉花种植有了一定的了解。比如在今土库曼斯坦的梅尔夫、今乌兹别克斯坦的布哈拉和撒马尔罕，人们并没有使用坎儿井灌溉。在那里，各类的农作物都由从穆尔加布（Murghab）河和泽拉夫尚（Zeravshan）河引来的水进行灌溉。

　　然而，大体上来讲，这些论点简要描述的情况，曾在伊朗北部一些山麓地区出现过，尤其是它们着重强调的三个问题——阿拉伯征服后的土地所有权问题，投资和灌溉之间的联系，以及特别是穆斯林群体和种植棉花之间的关系。前文我们通过对一个伊朗城市的量化研究证据，从穆斯林宗教精英的角度揭示了棉花在中世纪伊朗经济中的作用，所以接下来支持我们论点的量化研究证据，也将主要来自库姆（Qom）这座城市，这座城市在很大程度上是由阿拉伯移民建立起来的，时至今日那里已经成为伊朗最高宗教教育中心。我们的论述将集中在地名分析和税收数据上。

地名分析在世界上几乎每个地方都已被证明具有巨大的历史价值。[25] 一片土地的名字通常会延续几个世纪，讲述人口流动、政治和社会变化以及语言演变的故事。然而在伊朗，村庄的名字似乎不是特别持久。例如，在尼沙布尔附近，几乎没有一个村庄的名字自前蒙古（pre-Mongol）时期幸存下来。虽然这可以被看作是文明生活被破坏的证据，人们常常归咎于 13 世纪（伊斯兰历 7 世纪）的蒙古统治时期，但它同样可能是坎儿井灌溉长期自我破坏的结果。不管多么小心地设计和维护地下灌溉水渠，最终还是会有损坏。当一个坎儿井系统最终坍塌的时候，人们可能没有其他选择，只能放弃它所供给的村庄，并在附近建造一个新的坎儿井系统和村庄。

　　依靠坎儿井灌溉的村庄能从名字上区别于其他村庄吗？为了探讨这个问题，并分析伊斯兰早期的村庄名称，我们将着眼于一类独特的居住地点名称（而不是河流、山脉等），它们占了如今伊朗所有地名的很大一部分。这类地点的名称融合了许多元素，其中第一个元素指的是人，通常是一个人的名字，但有时是头衔、位置或其他标志；第二个元素是 *abad*，表示已建成和有人居住的地方。为了方便起见，我将把这种命名方式称为 *fulanabad* 模式，这个词是由阿拉伯语单词 *fulan* 派生出来的，

fulan 的意思是"某人"或"某某"，作为这个复合词开头表示人的占位符。

一个看似合理的推测是，在 *fulanabad* 式的地名中第一部分中的人名是"建立"该城镇或村庄的人，尽管"建立"这个概念所包含的内容并不能立即显现或总是相同。支持这一推测的证据，或许可在印度的地名中找到，那里有许多 *fulanabad* 式的地名（如海德拉巴 [Heydarabad]、阿穆达巴 [Ahmedabad]），这些地名都被列在《南亚历史地图集》（*A Historical Atlas of South Asia*）的索引之中，这使我们可以很容易地确定最初建造这个地方的人，而且发现他的名字的确存在于地名之中。[26] 然而在伊朗，几乎没有一个大型城市有 *fulanabad* 式的名字。成千上万的 *fulanabad* 式的地名绝大多数都在村庄。在少数情况下，村庄的名称确实表示了正式建立村庄的统治者或官员（例如，斯哈赫巴德 [Shah-abad]、苏丹阿巴德 [Soltan-abad]），但伊朗村庄名称中大量的 *fulan* 元素无法与任何特定的统治者或官员联系起来。在表 1.2 中，我们列出了伊朗的中央省（Ostan-e Markazi），即包括德黑兰和库姆在内的"中央省份"中的十大 *fulanabad* 式的地名，这些地名出自 1949 至 1954 年间出版的一部详尽的《伊朗国家地方志》（*Farhang-i Jughrafiyai-i Iran*）。

这些地名显示出，如果 *fulanabad* 式的村庄通常以其最初创建者的名字命名的话，那么如今依然存在的这些村庄的创

建者，则大多既不是统治者又不是官员。因为在过去两个多
世纪里，那些杰出的个人常常会被以他们的头衔或尊称来称
呼，而不是直呼其名。然而，这并没有解决"建立"的问题。 19
fulanabad 式的村庄名称也可能是该村所有者的名字，而不是最
初创建者的名字。在这种情况下，当村庄从一个所有者转到另
一个所有者手中时，其名称中 *fulan* 的名字可能已经改变了。然
而，这似乎不太可能出现。现存的 18—19 世纪（伊斯兰历 12—
13 世纪）的土地买卖记录清楚表明，村庄的所有权通常被几大
势力瓜分。[27]那些出售所有权六分之一到五分之一（每六分之
一称为 *dang*）的村庄和那些全部转让所有权的村庄一样普遍。
然而，每个村庄都只有一个名字，这些所有权转让的行为并不
意味着村庄名字的改变。此外，在农村动荡或房地产市场不稳
定的时期，村庄的所有权可能会经常发生变化，但似乎不太可
能会有税收管理机构能同意，村庄的名字因其所有权的变化而
快速变化。

表 1.2　中央省现代村庄的名称

村庄名称	村庄数量
侯赛因纳巴德（Hosein-abad）	44
阿里阿巴德（Ali-abad）	31
哈吉阿巴德（Hajji-abad）	23

续表

村庄名称	村庄数量
哈桑纳巴德（Hasan-abad）	22
穆罕默达巴德（Mohammad-abad）	21
艾哈迈达巴德（Ahmad-abad）	21
阿巴萨巴德（Abbas-abad）	18
马赫达巴德（Mahmoud-abad）	18
加塞玛巴德（Qasem-abad）	17
卡里玛巴德（Karim-abad）	14

资料来源：*Farhang-i Jughrafiyai-i Iran*（Tehran: *Dayirah-i Jughrafiai-i Sitad-i Artish, 1328—1332* [1949-54]），9 v.

　　fulanabad-fulan 式的名字也并不少见，这类名字中附在后面的人名不同于 *fulanabad* 中所包含的人名，这可能是一种用来表明村庄当前所有权的便捷方式，这样就不需要改变村庄本来的名字。许多附在后面的 *fulan* 还会包含准确的行政级别、尊称或其他个人身份的标志，这些信息在 *fulanabad* 式的名字中完全反映不出来。（如表 1.3 所示，*fulanabad* 式的名字后面的一个或多个词也包含了不属于专有名称或个人称谓的词语。）

　　继续我们的假设，认为 *fulanabad* 式的名字中开头表示个人的部分确实反映了该村庄"创建者"的名字，我们将忽略附在 *fulanabad* 式名字后面的词，同时将整个名字中开头表示个人的部分视为实际使用中个人姓名的反映，我们可以尝试性地称呼他们为"村庄创建阶级"。例如，表 1.2 中的名字都是第二次世界大战前最常见的伊朗男性名字。但在 9 世纪（伊斯兰历 3 世纪），也就是我们公认的棉花热潮的时期，最受欢迎的名字则大不相同。最值得注意的是，第三常见的 *fulan*，也就是哈吉(Hajji)头衔或"麦加朝圣者"（Mecca Pilgrim），在早期的传记词典中从来没有作为个人名字出现，到后蒙古时期才变得重要，在穆斯林世界许多地区有效地替代了许多个人的名字。

表 1.3　现代 fulanabad 式村庄名称后附加人名、术语范例　20

人名	行政职务
	Khaleseh
Bu al-Ghaisas	Shahi
Kadkhoda Hossein	**部落**
Hajji Qaqi	Inanlu
Hajji Agha Mohammad	Ahmadlu
Arbab Kaikhusro	Afshar
荣誉称号	Qajar
Amir Amjad	**自然特征**
Majd al-Dowleh	Olya（上）
Dabir al-Soltan	Sofla（下）
Qavvam al-Dowleh	Wasat（中）
Moshir al-Soltaneh	Kuchek（小）
Ain al-Dowleh	Bozorg（大）

从早期 *fulanabad* 式地名所包含的个人姓名中可以得出什么结论，这一问题将在后文再次讨论，但我们必须首先探索 *fulanabad* 式村庄的其他特征。其中最重要的是供水。1949—1954 年出版的《地方志》对大多数村庄的水源情况都提供了注释。把伊朗境内山麓地区的水源制成表格，可以明显发现 *fulanabad* 式的地名和坎儿井灌溉有高度的相关性。在中央省的 2708 个村庄中，有 765 个（占 35%）都是 *fulanabad* 式的名字。对于其中的 133 个村庄，地方志没有列出水源。然而，在剩下的 632 个村庄中，近 75%（632 个村庄中的 473 个）的灌溉水源是由坎儿井提供的。至于其他命名形式的村庄，只有 34% 由坎儿井灌溉。相比之下，在降水充足的里海地区，几乎没有坎儿井；故而 *fulanabad* 式村庄的名字也很少出现。

fulanabad 式的名字和坎儿井灌溉系统之间的相关性远非绝对，但足以令人怀疑的是，在 *fulanabad* 式村庄的案例中，"建立"一个村庄涉及要出资挖掘坎儿井。然而，这里必须指出，伊朗学者在这一点上有相当大的分歧。伊朗学者阿里·马扎赫里（Aly Mazaheri）曾将一本写于 1017 年（伊斯兰历 407 年）的关于建造坎儿井工程计算的阿拉伯语论著翻译成法语，他在译本的导言中说：

在发现了水，研究了地形，并为将要灌溉的田地挖掘了地下暗渠之后，"水主"waterlord（hydronome，即英语中与"地主"landlord同样构词法的单词）建立了这个村庄。在伊朗东部（呼罗珊），他们被尊称为paydagar——意味着发现者、助产士、开拓者、创立者、村庄的创造者。因此，"灌溉"一词就有了"水源""村庄""耕种""城镇""文明"的内涵，而"abad"一词，即"被某人灌溉"一词，就跟随着"创建者"的名字，用来指博斯普鲁斯海峡和恒河之间的众多波斯文明遗址。因此，除了阿里阿巴德（Ali-Abad）、穆罕默德阿巴德（Mohammad-Abad）、侯赛因阿巴德（Hossein-Abad）等阿拉伯语地名，在这个曾经以波斯语为行政语言的广阔世界里，我们还有海德拉巴、阿穆达巴、阿拉哈巴德（Allah-Abad）等地名。[28]

伊朗社会学家艾哈迈德·阿什拉夫（Ahmad Ashraf）则持相反观点。在《伊朗百科全书》（*Encyclopaedia Iranica*）中，他将"Abadi"一词定义为：

> 这是一个波斯语的概念，意为"定居地，有人居住的空间"，主要用于农村环境之中，但在口语中也常指城镇。这个波斯语单词源自中古波斯语的apat，意为"发达、兴

旺、有人居住、被耕种的"（参见 H. S. Nyberg, *A Manual of Pahlavi II*, Wiesbaden, 1974, p. 25）；这个中古波斯语单词是基于古伊朗语中的方向副词 a（"to, in"）和词根 pa，意为"保护"（protect）（参见 AIR Wb., cols. 300ff, 330, 886）。一些伊朗社会科学家建议对这个词中的 ab（意为水）和后缀 -ad 进行分析，这个错误也在一些早期的现代词典中被发现（例如，*Behar-e 'ajam*, 12.96/1879; *Asaf al-logat*, Hyderabad, 1327-40/1909-21; *Farhang-e Ananderaj*, 1303/1924)。[29]

22　　　　虽然必须尊重现代语言学的研究，它提供了关于这个话题的最后一个词的解释，但将这个词与 ab（水）联系起来的民间词源学研究也不应该忽视。如果阿什拉夫援引的那些早期词典编纂者，将他们的权威赋予这样一个民间词源，那么可能的情况就是，abad 和"水"之间的简单的语言联系，已经在大众使用中有了足够长时间的传统，尽管在语言学上是一个错误，但仍使其成为影响农村命名的重要因素。也就是说，100 年前或 1000 年前，一位坎儿井的建造者在考虑给他的新村庄命名时，很可能在语言学上把水与 abad 错误地联系在了一起。无论如何，关于村庄创建者是否认为水与他们选择的 *fulanabad* 式的地名有内在联系的语言学辩论，并不影响坎儿井灌溉和以这些地名命名的村庄之间很强的数量相关性。

我们的历史论述中，形象描述一个依靠坎儿井灌溉的村庄的形成过程是必不可少的。在成千上万的例子中，村庄土地的耕种完全依赖于坎儿井。当然也有例外，有时还存在其他水源，坎儿井只是使水的供应更加丰富，使水的供应一年四季都更加均衡。在其他情况下，拥有其他水源可以有条件种植冬季作物（如小麦和大麦），这使伊朗大部分处于冬天雨季的地区受益，但这些地区的降水不能满足夏季作物（如棉花）在炎热、干燥的季节生长，因此就需要利用坎儿井的水源。

为简单起见，让我们假设作为一个潜在的村庄创建者，你不是要简单地改善现有的供水系统或改变种植作物的组合，而是要在一片从未开垦过的荒漠中从无到有地创建一个村庄。第一步你需要请一位设计坎儿井的工程专家。[30] 他的工作是在附近山脉或丘陵的某个上坡处开凿一口"母井"（mother well）。"母井"的修建可以确定到达地下水位的深度，以及水从周围潮湿的土壤渗入空井的速度。一旦"母井"明确了这些条件，专家就可以计算地下暗渠的方向和长度，利用重力将水从"母井"流到一个个干旱的村庄，这些水最终将汇入地表径流，被用于灌溉、饮用、清洗等。专家为坎儿井的挖掘者标出了路线，并确定了坎儿井沿途要挖的每口井的深度。

以上这些工序所需要的专业指导可由村庄中的创业家（entrepreneur）给予丰厚的报酬。如果一个坎儿井的坡度不足（即

23

每千米的坡度不到 1 米），淤泥就会把它淤塞；如果坎儿井的坡度太陡（即每千米的坡度超过 3 米），水流就会对它不断侵蚀致其最终坍塌。坎儿井可能在起伏的丘陵地形下绵延数英里，因此坡度计算尤为重要。前面提到的 11 世纪（伊斯兰历 5 世纪）关于坡度计算的阿拉伯语专著就证明了设计坎儿井的工程师的技术。这本书由一位著名的数学家所著，是前现代伊斯兰世界中少数几本关于农业问题的应用工程学著作之一。[31]

设计坎儿井的工程师完成他的工作之后，村庄的创建者就会找来有经验的坎儿井挖掘团队来指导暗渠的挖掘。挖掘团队从设计的暗渠出口向"母井"反向挖掘，每 30 米左右挖一口竖井，达到设计所规定的深度。当他们到达适当的深度后，就会挖一条水平暗渠，将每口竖井与其下游相邻的竖井连接起来。这些竖井为暗渠的挖掘团队提供空气，并且使挖掘出的泥沙可以被拉上来，倾倒在井口周围。倾倒的泥沙造成了一列列典型的"竖井坑口"，这些坑口在地表上沿着坎儿井的路线排列，到了现代，这样的景观从空中俯瞰尤其明显。蜡烛是挖掘时用来校准暗渠水平的。暗渠一修到地下水位后，水就开始流动。只有这样，土地才能得到坎儿井的灌溉。

24   关于这种情况有几个观察和看法。第一，在挖掘坎儿井之前，没有任何假设认为即将形成的村庄中的土地必须由村庄创建者所有。我在这里将特定土地的所有权，与可能属于君主、地方领主或部落的各种更广泛的开发权区分开来。后一种权利肯定存在于伊朗历史中；但是，如果这些权利通常都被如此严格地行使，每一个新建立的村庄都自然成为君主、贵族或部落的财产，那么很难想象成千上万的个体创业家会投资于昂贵而漫长的坎儿井挖掘。其他叙事史料也没有表明统治者个人或政权出资建造了数十或数百个坎儿井。因此，普通人的名字与 *fulanabad* 式地名，以及 *fulanabad* 的命名模式与坎儿井灌溉之间的强相关性明确表明，个体创业家通常为坎儿井的建造提供资金。此外，现存的文件也清楚地表明，个人拥有村庄并通过契据转让其所有权，至少已有几百年的历史。

人们可能会把潜在的伊朗村庄创建者与统治者、地方领主或拥有广泛领土权利的部落领袖之间的关系，与 19 世纪美国政府与农场主之间的关系进行类比。联邦政府明确拥有国家未开发的"公共"土地，但以象征性的金额将特定土地的所有权转让给个体农场主，条件是他们需要投入一定时间和劳动力使土地具有生产力。然后政府从土地上种植的作物中获取税收。至少从 8 世纪（伊斯兰历 2 世纪）末开始，伊斯兰教法就奖励那些将无主荒地（ard al-mawat）变得具有生产力的人们，使他们永久拥有土地所有权，这体现出伊斯兰教法对创业家精神的鼓励。这一原则体现在穆罕默德的圣训（*hadith*）中，他说："土地的所有权属于那些使荒地复活的人们，任何入侵者

（对这块土地）都没有任何权利。"[32] 然而，公元前 2 世纪希腊历史学家波利比乌斯（Polybius）有一段著名的文字记载——古代阿契美尼德王朝的统治者曾免除了坎儿井的建造者五代人赋税，因此伊斯兰教法中的做法可能只是延续了前伊斯兰时期的传统。[33]

25　　　第二，那些从一开始就完全依靠坎儿井灌溉的农民，并不能从坎儿井建造之初就依靠土地上生长的农作物过活。因为在坎儿井被挖掘之前，那里的土地上什么都不生长，也没有居民，所以刚刚播种的时候农民是没有余粮可以贮存的。因此，在第一次收获之前，农民们必须从其他地方获得食物，而最有可能的来源就是村庄创建者的存粮。很明显，这使得村庄创业家的投资远远多于建造坎儿井的成本。他还必须提供牲畜、种子、工人的口粮，以及村舍的建筑材料。

　　　第三，那些在过去的荒漠地区聚集起来建造村庄和耕种土地的人们必然来自某些地方。他们是如何聚集在一起的？在一些现代案例中，繁荣或人口过剩的村庄有时会催生出新的村庄。这个过程可以解释 *fulanabad-fulan* 式的地名，这些地名前半部分相同，只能通过地名后半部分中的形容词来区分。在大多数情况下，这个形容词是 'olya（上）和 sofla（下），或者是 kuchek（小）和 bozorg（大）。有人可能会就此推测，当这两个村庄中较早的那个村庄水源供应不足时，地主决定挖掘一个新的坎儿井，并在附近建一个新的村庄，施工所使用的正是原村庄的物资和劳动力。但除了这些情况，似乎一个人要在人口稳定或负增长的时期建立一个村庄，就必须要为他的事业肩负招募农民的重任。鉴于新的村庄肯定会在第一个或前两个季节中遇到困难，面临这样境况的村庄创建者很可能会以诱人的条件来吸引那些愿意离开原居住地的人们，让他们加入新的村庄，这可能也违背了那些人原来的地主的意愿。

其中一种常见的诱人条件就是成为 boneh 或所谓"生产队"的一员。与无地的农业劳动者或对特定土地拥有耕种权的村民不同，boneh 的成员拥有共享村庄土地生产的集体权利。[34] 尽管 boneh 制度的历史并不为人所知，但可以想象一下，一位村庄创业家利用"生产队"的成员身份，将最初的一批耕种者的生产力分成股份，从而将他们聚集起来。这可以解释地理学家贾瓦德·萨菲内贾德（Javad Safinezhad）的发现，即伊朗存在 boneh 制度的地理区域几乎与使用坎儿井进行灌溉的区域完全一致[35]。虽然萨菲内贾德没有特别指出 boneh 和 fulanabad 式地名之间的具体联系，但他的研究集中在现代时期。也就是说，如果大部分的 fulanabad 式村庄都有坎儿井的话，那么它们也存在 boneh 制度。

现在我们来总结一下上文对 20 世纪 50 年代村庄名称调查得出的初步结论：

1. 在 *fulanabad* 式的村庄中，个人名字部分可能指的是村庄的"创建者"，而"创建者"的概念可能不仅包括对村庄坎儿井的最初挖掘，还包括支付一大笔与修建坎儿井相关的其他各种费用。

2. *fulanabad* 式的村庄（可能还有一些其他名称形式的村庄）的所有权，通常为拥有永久产权的个人所有，他们可以通过市场交易将村庄转让给其他所有者。

3. *fulanabad* 式的名字通常不会随着村庄所有权的改变而变化。

4. *fulanabad* 式的名字中的个人成分，汇集了村庄建立时的各个村庄的人名（onomasticon），或者说提供一份当时人们名字的名单。

5. 由坎儿井灌溉的 *fulanabad* 式的村庄，比其他名称形式的村庄要多得多。

6. 坎儿井灌溉在地理上与雇佣"生产队"（*boneh*）耕种土地有关。

7. *fulanabad* 式的村庄可能比非 *fulanabad* 式的村庄更加依靠 *boneh* 进行耕作。

虽然只是初步的结论，但它们将帮助我们了解阿拉伯征服伊朗后留存下来的大量早期村庄地名名录中所蕴含的信息。

❧

　　历史学家 A. K. S. 兰布顿（A. K. S. Lambton）[36] 和安德里亚斯·德雷克斯勒（Andreas Drechsler）[37] 写了大量关于库姆城早期历史和关于《库姆编年史》（*Ta'rikh-e Qom*）一书内容的文章，《库姆编年史》是阿布·阿里·哈桑·本·穆罕默德·本·哈桑·库米（Abu Ali Hasan b. Muhammad b. Hasan al-Qummi）用阿拉伯语编写的地方史，在公元 1402—1404 年（伊斯兰历 804—806 年）翻译成波斯语。如今仅存的波斯文译本包含原本 20 章中的 5 章。哈桑·库米从公元 963 年（伊斯兰历 352 年）开始这本史书的编纂，但由于他长时间不在这座城市生活，直到公元 990 年（伊斯兰历 379 年）才完成。

　　对于这本史书中丰富且有趣的信息，兰布顿和德雷克斯勒的文章提出了许多有价值的看法。这本书叙事的主角是拥有也门（Yemen）部落背景的阿拉伯定居者，叙述非常复杂、翔实，同时几乎与农业生产无关，内容主要涉及阿拉伯定居者与当地居民的冲突、他们在库姆城的统治地位上升，以及他们与阿拉伯帝国中央政府在税收标准方面的分歧。

　　然而，我们目前的研究主要涉及与税收有关的信息。兰布顿指出，哈桑·库米使用了她称之为"税收计划表"（tax schedule）的 8 份文件。对于这个在阿拉伯语中不常见的单词

28

wadi'a，德雷克斯勒并不完全同意兰布顿的翻译。但是为方便起见，我将沿用兰布顿的用法。下文列出的就是整个9世纪（伊斯兰历3世纪）的税收计划表中的日期：

> 税收计划表 1　公元 804 年（伊斯兰历 188 年）
>
> 税收计划表 2　公元 808 年（伊斯兰历 192 年）
>
> 税收计划表 3　公元 836 年（伊斯兰历 221 年）
>
> 税收计划表 4　公元 839 年（伊斯兰历 224 年）
>
> 税收计划表 5　公元 841 年（伊斯兰历 226 年）
>
> 税收计划表 6　公元 897 年（伊斯兰历 265 年）
>
> 税收计划表 7　公元 903 年（伊斯兰历 290 年）
>
> 税收计划表 8　公元 914 年（伊斯兰历 301 年）

　　虽然库米在援引税收计划表的原始材料时既不系统也不完整，但似乎每一份材料还都记载了特定作物的税率和个别纳税地区的情况。我们在后文将回到税率的问题上来，因为现在首要关心的是纳税地区的名称。这些纳税地区被分为34组，一些标记为 *tassuj*，一些标记为 *rustaq*，还有一些未标记。虽然兰布顿指出，*tassuj* 一词指的是一个更大的行政区 *rustaq* 之内的次级行政区，但对村庄名称的比较表明，在某些情况下，*tassuj* 和 *rustaq* 可能是可以互换的。对我们的研究来说，有理由假定库

米所列的所有 34 个分组名称都是指某个地区，而每个分组下所
记录的名称，则是指这些地区中的征税区。

　　由于库米在记录地名的时候，将来自于不同税收计划表中 29
的属于同一个地区的地名都放在了一起，因此整合这些地名对
我们来说是一项复杂的工作。这项工作可以使我们得到一份
关于分散在各地的征税区的明确名单，以便我们将之与《伊
朗波斯语词典》（*Farhang-i Joghrafiyai-i Iran*）中伊朗现代村
庄地名名录进行对比。例如，塔伯雷什（Tabresh）地区很可
能与如今库姆以西的城市塔夫雷什（Tafresh）有关。关于这个
地区，库米从税收计划表 1 中记录了 41 个纳税地区，又从税
收计划表 3 中记录了 3 个，而其中的一个就与之前的名字重复
了；还有 31 个来自税收计划表 5 的地名，包括 16 个重复的名
字。除此之外，税收计划表 2 中塔伯雷什地区下面列出了 39
个纳税地区的名字，没有一个与其他 3 个表中总共 58 个名字
有重复。税收计划表 4 中列出了 8 个地名，它们同样没有重复
其他表中的地名。因此，至少有两个地区的名称或多或少是相
同的。

　　由于地名前后拼写不一致，同时我们无从知晓库米在记录
地名时的目的，这类问题显得更加严重。他既没有根据所有权
或税收类型对所记录的地区进行分类，也没有说明为什么对一
些地区只记录了很少的地名，而对另一些地区却记录了很多的

地名，以及为什么他根本没有记录税收计划表6和7中的地名。

　　在分析了所有重复和拼写变化的地名后，最终的名单一共统计了 1271 个地名，时间横跨整个 9 世纪（伊斯兰历 3 世纪）。这似乎是自伊斯兰早期以来，关于伊朗某一城市腹地最长的地名名录。将这些地名与上世纪 50 年代记录的整个中央省（库姆现今所在的省级行政区）2708 个村庄进行比较，我们就会发现，尽管库米记载的地名名录有其特殊性，但这可能涵盖了他那个时代大多数农村的纳税地区。

　　然而，必须注意到现代地名和中世纪地名之间的一个重要差别。现代地名中有 35% 都是 *fulanabad* 式的，而《库姆编年史》中只有 344 个 *fulanabad* 式的地名，只占总数的 26%。根据 *fulanabad* 式命名和坎儿井灌溉之间在现代的相关性，我们可以从这种差别中推测，坎儿井灌溉在 9 世纪（伊斯兰历 3 世纪）被使用的程度远不如在 20 世纪（伊斯兰历 14 世纪）。在探究这个推测之前，我们应该先看看这些 fulanabad 式地名中包含的人名情况（表 1.4）。

　　在最常见的 12 个 *fulanabad* 式的地名中，最引人瞩目的是一个波斯语的地名霍米尔兹达巴德（Hormizdabad）。因为当我们看到完整的 *fulanabad* 式名字的地名名录时，我们会发现波斯语的地名所占比例很低。至少 80% 的 *fulanabad* 式地名是阿拉伯语的，而且这个比例可能会更高，因为一些看起来像波斯语的地名

30

实际上可能是阿拉伯语。阿拉伯语地名和波斯语地名数量上的悬殊，在我们考虑 *fulanjird* 式村庄名称时就显得很突出了。*fulanjird* 是第二种村庄名称的形式，*jird* 也写作 *gerd*，这个词常被用来表示农村地区某个贵族所拥有的财产或庄园。在 29 个 *fulanjird* 式的名字中，每一个名字的前半部分都包含波斯语的名字或单词。

表 1.4　《库姆编年史》中的 fulanabad 式村庄名称

村庄名称	村庄数量
穆罕默达巴德（Mohammad-abad）	33
阿里阿巴德（Ali-abad）	22
穆萨巴德（Musa-abad）	11
叶海亚巴德（Yahya-abad）	9
艾哈迈达巴德（Ahmad-abad）	9
马利卡巴德（Malik [Milk，Mulk] -abad）	8
伊姆兰纳巴德（Imran-abad）	7
苏莱曼纳巴德（Sulaiman-abad）	7
霍尔米兹达巴德（Hormizd-abad）	7
哈桑纳巴德（Hasan-abad）	6
伊萨克阿巴德（Ishaq-abad）	6
贾夫拉巴德（Ja'far-abad）	6

这一对比使我们假定的伊斯兰早期伊朗的二元农业经济更为明显。如果我们假设坎儿井灌溉和 *fulanabad* 式地名之间的联系代表了一种长期存在的历史关系，而且 *fulanabad* 式的地名在现今库姆地区更为显著，那么我们很难避免得出这样的结论——在 9 世纪（伊斯兰历 3 世纪），出资兴建坎儿井的村庄创业家绝大多数都信仰伊斯兰教，不管他们是阿拉伯人还是改用阿拉伯语名字的伊朗人。

31

当然，如果能确定中央伊朗高原地区在 9 世纪（伊斯兰历 3 世纪）早期穆斯林就已经占了多数，那么上述这个结论可能就没有什么不同寻常之处，但事实并非如此。在早年名为《中世纪时期的改信伊斯兰教研究》(*Conversion to Islam in the Medieval Period*) 一书中，我提出利用量化研究的方法来估算伊朗穆斯林群体的增长速度。这本书出版后的三十年中，人们对这种根据名称变化的量化研究方法持有许多保留意见，但对这本书的主要发现基本没有异议，即改信伊斯兰教是在四个多世纪的时间里缓慢进行的。事实上，最具挑战性的批评来自迈克尔·莫罗尼（Michael Morony），他认为当时人们改信的速度甚至更慢。[38] 因此人们曾经认可的改信伊斯兰教的"快速纪事"(fast calendar) 在学术界逐渐被"慢速纪事"(slow calendar) 所取代。所谓"快速纪事"，即认为阿拉伯征服后伊斯兰教以极快的速度传播，这一方面因为军事胁迫，另一方面是人们希望摆脱阿拉伯帝国对琐罗亚斯德教徒、基督徒和犹太教徒征收的人头税（*jizya*），而"慢速纪事"则认为伊斯兰教的扩张经历几个世纪的时间（图1.1）。

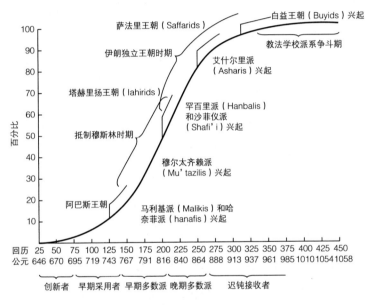

图 1.1　伊朗穆斯林群体增长曲线图。
（来自布利特：《中世纪时期的改信伊斯兰教研究》，1979 年）

图 1.1 是我此前书中设想的一个关于伊朗改信伊斯兰教的曲线。[39] 图中显示，伊朗穆斯林群体的增长大约在公元 804 年（伊斯兰历 188 年）完成了 30%，这是库姆最早的税收计划表的时间，而到了公元 914 年（伊斯兰历 301 年）完成了 90%，这是第 8 个也是最后一个税收计划表的时间。然而，最后一份税

32

收计划表对村庄地名名录只作了一点微小的补充，而在它之前的两份税收计划表中则根本没有收录任何地名。因此，村庄地名名录实际的时间下限是税收计划表 5 的日期，即公元 841 年（伊斯兰历 226 年），那个时候图中显示改信伊斯兰教的比例为60%。

然而，正如莫罗尼和其他人令人信服的论述，如果我根据名称变化的分析方法低估了农村地区改信伊斯兰教的情况，那么图中的这些比例可能还是有点太高了。但可能也不会太低。普遍的看法是，9 世纪（伊斯兰历 3 世纪）伊斯兰教在伊朗迅速发展，但伊朗直到这个世纪末才成为一个以穆斯林为主的国家。即使在当时，信仰琐罗亚斯德教的人口仍然大量存在于一些农村地区。

表 1.4 中最常见的 *fulanabad* 式的地名名录为我们提供了一个额外的线索，证明这些村庄是在 9 世纪（伊斯兰历 3 世纪）初或之前建立的，而不是在 9 世纪末才建立，因为当时穆斯林在人口总数中所占的比例仍然很低。这 12 个名字中有 4 个同时出现在《圣经》和《古兰经》中——穆萨（Musa）就是摩西（Moses），叶海亚（Yahya）就是施洗者约翰（John the Baptist），苏莱曼（Sulaiman）就是所罗门（Solomon），伊萨克（Ishaq）就是以撒（Isaac）。这些源自《圣经》的名字在伊朗传记词典中流行，展现了一种独特的模式——在 8 世纪（伊

斯兰历 2 世纪）这些名字非常流行，大约占改信伊斯兰教的
人给他们儿子所取名字总数的 30%。然而，在 9 世纪（伊斯
兰历 3 世纪），随着改信伊斯兰教进程的加快，这些名字的流
行程度迅速下降。父亲们更愿意公开表明他们儿子的穆斯林
身份，于是更多给他们的儿子取穆罕默德（Mohammad）和艾
哈迈德（Ahmad）这样的名字，而不是早些时候给他们取一
个带有保护色彩的名字——起那些名字的人要么是穆斯林，
要么是基督徒，要么是犹太人——因为那时伊朗人中穆斯林
还很少。到公元 950 年（伊斯兰历 338 年），改信伊斯兰教者
给儿子取源自《圣经》名字的比例只有 5%。[40] 虽然不能排
除巧合，但表 1.4 中的四个源自《圣经》的名字，在最常见
的 *fulanabad* 式村庄地名名录中，只占 124 个阿拉伯名字的
2%—7%，这种情况应该更符合前一个时期的情况而不是后
一个时期。另一个事实也进一步印证了我们的结论，有一些
非常罕见的阿拉伯语的 *fulan* 名称被记录在库姆城 *fulanabad*
式地名名录之中（例如，有 5 个村庄是 Ahwas-，3 个村庄是
Shu'aib），这些名字几乎肯定与特定的阿拉伯首领有关系，他
们在《库姆编年史》中被认为在公元 9 世纪初甚至更早的时候
就具有政治影响力。[41]

　　根据改信伊斯兰教的整体时间进度和人名分析的证据，8 世
纪（伊斯兰历 2 世纪）末到 9 世纪（伊斯兰历 3 世纪）初是早

33

期村庄最有可能创建的时期，库姆地区的 *fulanabad* 式村庄中有
80% 都是阿拉伯语名字，清楚表明阿拉伯和（或）伊朗穆斯林
在建立新村庄时，参与程度是非常不成比例的。另一种可能的
解释是，*fulanabad* 式名字在某种程度上意味着穆斯林的土地所
有权，阿拉伯人或改信伊斯兰教的人们会把从琐罗亚斯德教所
有者那里获得村庄的旧名都改为 *fulanabad* 式的名字，可以想到
这是一种有象征意义的行为，宣示了新的土地属于伊斯兰教。
然而，这个观点仍有待商榷，因为还有 20% 的 *fulanabad* 式村
庄没有阿拉伯语名字。如果 *fulanabad* 式命名本身就代表了伊斯
兰教的话，那么琐罗亚斯德教的地主采用这种方式就很不合理
了。因此，无论各种语言的 *fulanabad* 式地名意味着什么，它与
人口中阿拉伯人 / 穆斯林的联系要比与伊朗人 / 琐罗亚斯德教
徒的联系紧密得多。

其他几个地名模式证明了阿拉伯人 / 穆斯林农业和伊朗人 /
琐罗亚斯德教农业之间的区别。前文已经提到过一种模式，就
是有 29 个完全是波斯语名字的 *fulanjird* 式村庄。另一种则与
以 *bagh*（"园林"）开头的名字有关。25 个 "园林" 中至少有
9 个包含阿拉伯语 *fulan* 的名字（例如巴格·伊德里斯 [Bagh-e
Idris]，巴格·阿卜杜勒·拉赫曼 [Bagh-e Abd al-Rahman]）。
这表明他们中大约 80% 是阿拉伯人，就像 *fulanabad* 式村庄一
样。此外，在以 *sahra'*（"荒漠"）开头的 10 个地名中，只有

一个不是阿拉伯语的名字。*fulanabad*、*bagh* 和 *sahra'* 式名字的共同特征是水。园林通常是由坎儿井灌溉的，同时 *sahra'* 式村庄中与一个类似坎儿井灌溉形式之间的联系将在后文进一步阐述。值得注意的是，这 35 个 *bagh* 式和 *sahra'* 式的名字大多来自于 3 个征税区。

相比之下，另一个特指征税区的概念与伊朗－琐罗亚斯德教地区的联系要紧密得多。Mazra'eh 的意思是"种植区域"，但一般特指旱地农业。这个概念出现了 77 次，包括复数或单数形式，用来指称一个专门的纳税实体（例如马兹拉耶·阿斯玛内 [Mazra'eh-ye Asmaneh]、马兹拉耶·比那 [Mazra'eh-ye Binah]），或指称某个村庄附属的名称（例如比纳斯塔 [Binastar]，意思是"及其种植区域" [wa mazare'iha]）。然而，这些名字之中只有四分之一是阿拉伯语的名字。其中 13 个名字是以 *fulanabad* "及其种植区域"的形式出现，7 个以阿拉伯语的个人名字命名。只有一个 *mazra'eh* 式名字被列入了以 *bagh* 式和 *sahra'* 式名字占多数的 3 个地区。从这一点可以推测，一些地区的阿拉伯－穆斯林村庄的集中度比其他地区高得多。

这些数字分析得出的结论就是，那些与坎儿井密切相关的村庄名称，也就是 *fulanabad*、*bagh* 和 *sahra'* 这些地名中，经常包含阿拉伯语的个人名字，而与水无关的地名（以及河流和小溪的名字）则很少包含这些名字。

34

✣

　　我们对库姆地区现代村庄地名名录的调查发现，*fulanabad*
的命名模式与坎儿井的灌溉之间存在很强的相关性。将这种联
系放到 9 世纪（伊斯兰历 3 世纪）（早期）的 *fulanabad* 式地名
名录之中，我们可以很容易地解释 80% 的阿拉伯语的 *fulan*，设
想当时有一股主要由阿拉伯人和（或）改信伊斯兰教的伊朗人
进行的坎儿井建设和村庄创建的强大浪潮。这是一个合理的设
想吗？现代的地方志和库姆地区的地名名录之间相差了 11 个世
纪，这是一个很长的时期，地名的命名方法可能已经改变了很
多次。因此，我们无法直接证明 *fulanabad* 式地名和坎儿井之间
的联系在伊朗历史上始终都是那么紧密。要证明这种联系在伊
朗历史上始终存在，我们必须研究一下棉花种植的经济学。

　　哈桑·库米记录了当时库姆老人们的回忆，在阿拉伯人到
来之前，那里只种植大麦、葛缕子和藏红花。[42] 不管历史是不
是真的如此，基于前文的理由，萨珊王朝时期不太可能种植大
量的棉花。税收记录可以证明，这种情况在阿拉伯征服后的一
段时间内发生了很大变化。小麦、大麦和棉花的每 *jarib* 的征税
情况见表 1.5。

表 1.5　各种农作物的税率

库姆	小麦	大麦	棉花（全部接受灌溉）	小麦和棉花的比例
税收计划表 1（公元 804 年 / 伊斯兰历 188 年）	15.16 迪拉姆	15.16 迪拉姆	38 迪拉姆	1:2.5
税收计划表 2（公元 808 年 / 伊斯兰历 192 年）	15.16 迪拉姆	13.16 迪拉姆	30 迪拉姆	1:2
税收计划表 7（公元 904 年 / 伊斯兰历 291 年）	3.16 迪拉姆	3.16 迪拉姆	38 或 30 迪拉姆，不同地区不一致 ※	1:12.5 或 1:10
巴士拉				
没有明确时间（jarib 的规模大概在该地区要小一些）	未灌溉 6.06 迪拉姆　灌溉 1.08 迪拉姆	未灌溉 4.50 迪拉姆　灌溉 1.66 迪拉姆	15 迪拉姆	未灌溉小麦 1:2.5　未灌溉大麦 1:3　灌溉小麦 1:15　灌溉大麦 1:9
哈马丹				
没有明确时间，大致在公元 10 世纪（伊斯兰历 4 世纪）早期	未灌溉 8.33 迪拉姆　灌溉 3.16 迪拉姆	未灌溉 8.33 迪拉姆　灌溉 3.16 迪拉姆	62 迪拉姆	未灌溉谷物 1:7.5　灌溉谷物 1:18
设拉子（Shiraz）				
公元 10 世纪（伊斯兰历 4 世纪）中期，面积大于 jarib 的规模	未灌溉 190 迪拉姆	未灌溉 190 迪拉姆	257 又 1/3 迪拉姆	1:1.35

※ 见《库姆编年史》，第 121 页。

◎ Ibn Hawqal, *Configuration de la Terre (Kitab Surat al-Ard)*, tr. J.H. Kramers and G. Wiet (Paris: G.P. Maissoneuve & Larose, 1964), 296.

与解释各种实际的市场价格相反，解释固定税率的风险在于没有考虑到未知因素。但即便如此，看看粮食和棉花税率之间的比例，似乎找不出任何一个因素来影响我们的结论，即种植棉花比种粮食更有利可图。如果种植棉花的利润不足以缴纳赋税，那么没有农民会继续种植棉花，尤其是在 10 世纪（伊斯兰历 4 世纪）初，如果把土地从种植棉花换成小麦的话，农民的税率则会降低 10 到 20 倍。

另一个衡量棉花价值的指标是棉花和藏红花的税率之比。藏红花现今而且可能一直都是世界上最昂贵的农产品之一，通常以克或盎司出售。采摘小的紫色藏红花柱头上一英寸的红色部分需要大量的手工劳动，所以藏红花现在的售价是每盎司 45 到 60 美元。藏红花的税率在税收计划表 1（公元 804 年，伊斯兰历 188 年）的税率是每 *jarib* 15 迪拉姆，与小麦和大麦的税率差不多，不到棉花的一半。在税收计划表 7（公元 903 年，伊斯兰历 290 年）是每 *jarib* 62 迪拉姆，即棉花的两倍。根据这一对比的标准，可以看出在 9 世纪（伊斯兰历 3 世纪），藏红花的价值大大提高，棉花的价值有所下降。但棉花仍然是高经济价值的作物，因为那时藏红花的税率是小麦和大麦的 20 倍。

9 世纪（伊斯兰历 3 世纪）库姆地区的棉农所获得的大把利润，是否和 19 世纪（伊斯兰历 13 世纪）埃及或美国卡罗来纳州的棉农所获得的利润一样丰厚？可能不会。必须记住的一点是，

即使所有的 *fulanabad* 式村庄都种植棉花，也只占库姆附近纳税地区的 26%。因此，在种植面积方面，供给当地消费的小麦和大麦毫无疑问持续在伊朗农业中占很大比例。棉花贸易使相对少数的种植者获利。但是因为它直接与纺织品制造和出口市场相关，这些种植者在当地的城市和区域间商业活动中扮演了重要角色。

　　整个 9 世纪（伊斯兰历 3 世纪）的稳定税率表明，棉花依然存在盈利能力。因为任何地方都有棉花种植，土壤肥力下降肯定是个问题，但只要有水，就不缺少肥力充足的土地。从 9 世纪（伊斯兰历 3 世纪）初到 10 世纪（伊斯兰历 4 世纪）中期，小麦和大麦的税收标准急剧下降，这是另一回事。但令人惊讶的是，灌溉土地上种植的谷物与未灌溉土地上种植的谷物之间税率上的差异。人们可能会认为，棉花的盈利能力会促使种植谷物的农民转向种植新作物，从而导致粮食产量减少，小麦和大麦的市场价格提高。尽管没有任何可以被证实的市场价格留存下来，但对于 10 世纪（伊斯兰历 4 世纪）时对灌溉土地作物极低税率的合理解释是，税率的制定者希望通过使种植小麦和大麦的农民拥有足够的灌溉水源，以此来减少农民改种棉花。

　　尽管利用税收政策来扭转从谷物种植到棉花种植的转变对于中世纪来说看上去太过现代，但正是由于维持城市人口迅速增长的问题日益严重，这样的政策才可能出现。如果像我们假

37

设的那样，棉花热潮开始于最初开垦贫瘠的荒漠土地之时，那么用于种植主要粮食的土地面积就不会受到影响。然而，部分农业劳动力转向了非粮食生产。此外，随着棉花热潮的持续，以城市为基础的纺织生产和销售的协同增长，成为 9—10 世纪（伊斯兰历 3—4 世纪）城市人口水平急剧增长的重要因素之一。[43] 因此，从农村到城市的移民使农村劳动力从粮食生产转向棉花生产的问题变得更加复杂，因为他们会吸引更多农民完全离开农村。随着越来越多的伊朗劳动人口在城市定居或将他们的劳动用于种植棉花，粮食生产似乎越来越不足以支持那些不再从事粮食生产的人们。

在我的《伊斯兰教：从边缘视角出发》（*Islam: The View from the Edge*）一书中[44]，我认为，正是这种城市规模和农村粮食生产之间的不平衡，使伊朗在 11 世纪（伊斯兰历 5 世纪）容易遭受严重的粮食短缺和城市动乱，同时我在这本书的后半部分提出，气候变化也导致了当时粮食生产状况的恶化。但在前一个世纪粮食税率的下降很可能表明人们早就意识到了这个日益严重的问题。尽管这种税收政策的现代化程度令人怀疑，但值得注意的是，在 19 世纪（伊斯兰历 13 世纪），当时的伊朗领导人对经济学的理解还不如他们 1000 年前的先辈，面对罂粟种植和鸦片出口利润的大幅增长，伊斯法罕省的统治者为了避免粮食从市场上消失，要求农民每种植四株罂粟就要种植一

jarib 的谷物。[45]

　　然而，让我们回想一下，大多数种植谷物的农民其实并没有将小麦和大麦改为棉花的选择权。如前所述，小麦和大麦在伊朗通常是冬季作物。它们在秋季播种、冬季休眠、早春发芽。这种农业循环深深植根于伊朗文化之中，其标志是在每年3月21日春分时的伊朗诺鲁孜节（Nowruz，即伊朗新年），用小麦（或小扁豆，lentil）嫩芽的菜品是"七鲜"仪式（*haft sin*）①的一部分。而棉花是夏季作物，通常4月种植，在干燥炎热的夏季生长，初秋时节收获。在伊朗一些地区，农业灌溉只能依靠降雨或降雪，或河流春季径流的水源补给，因此棉花很少能在这些地区种植。坎儿井灌溉可以全年提供地下含水层的稳定水量，是伊朗高原山麓地带种植棉花的关键。

　　正如我们所看到的，来自地名和税率的证据有力地表明，穆斯林创业者主导了建造坎儿井和村庄建设的一波浪潮。但是这并没有回应坎儿井灌溉在前伊斯兰农业经济中作用的问题。在萨珊王朝时代，是否有大约三分之一的村庄像20世纪50年代的中央省一样有坎儿井灌溉？还是说，坎儿井更多地被用于城镇和园林而不是农田？根据现有的资料，我们无法直接回答

---

　　①　该仪式需要在桌上摆放7个以波斯语字母s开头的物品，其中*sabzeh*即为绿色嫩芽。——译者注

这些问题。然而，有两个间接的指标表明，与后来的情况相比，坎儿井在阿拉伯征服前的村庄中要少得多。阿拉伯征服之后，城市化和纺织业吸引农民参与市场经济，使农业变得更有利可图。

　　其中一个指标就在库姆以西的哈马丹／巴士拉（Hamadan/Mah Basra）地区数据中（见表1.5）。灌溉土地上种植谷物的税率，为未灌溉土地上谷物的七分之一到三分之一。地理学家伊本·霍卡尔（Ibn Hawqal）在讨论伊朗西南地区的法尔斯省税收问题时，得出完全相反的结论。他认为："通过降水获得水源的土地，其税率只有灌溉土地的三分之一。"[46] 由于未灌溉土地通常比灌溉土地的产量少，伊本·霍卡尔的说法很有道理。因此，如果哈马丹／巴士拉地区的数据没有问题的话，这种税率似乎是促使种植谷物的农民出资建造坎儿井的重要推动因素。（在20世纪50年代，大多数拥有坎儿井的村庄都种植谷物。）这暗示着，在棉花热潮之前，大多数种植谷物的农民可能都从事旱作农业，同时没有在坎儿井的建造上进行大量投资。

　　第二个间接的指标取决于 ba'ireh，即"未开垦"一词的具体含义。兰布顿告诉我们："在前伊斯兰时期和伊斯兰时期，地下暗渠（kariz，坎儿井）的干涸并不罕见。由于 kariz 的干涸而使土地变成荒地（dai'atha-ye ba'ireh）的情况……在伊斯兰历345年（公元956—957年）的 kharaj（税收）登记中有所记

39

载。"[47] 如果对 *ba'ireh* 这个词的理解是正确的，那么在这个词之后的所有村庄地名名录应该会对我们有所帮助。在库姆税收登记中的 1271 个地名中，有 33 个被描述为 *ba'ireh*——其中 16 个指代 *fulanabad* 式村庄，17 个指代非 *fulanabad* 式地区。然而，在 1271 个地名中，*fulanabad* 式村庄只占 26%。坎儿井的干涸是一种由塌方、淤塞或水位变化而引发的自然现象[48]，因而没有理由认为，在萨珊王朝时期挖掘的用于灌溉小麦或大麦的坎儿井会比伊斯兰时期挖掘的用于灌溉棉花的坎儿井干涸得更快或更慢。这种随机性意味着，如果由坎儿井灌溉的非 *fulanabad* 式村庄与 *fulanabad* 式村庄一样多的话，那么被列为 *ba'ireh* 的非 *fulanabad* 式庄的数量应该是 *fulanabad* 式村庄数量的三倍。然而，事实上这两类村庄的数目基本相同，表明 *fulanabad* 式村庄坎儿井灌溉的使用率要高得多。

这两个间接指标强化了 *fulanabad* 式村庄与坎儿井灌溉之间的密切联系。考虑到 80% 的 *fulanabad* 式地名是以穆斯林的名字命名的，我们有理由得出这样的结论：信仰琐罗亚斯德教村庄中的大多数地主没有种植棉花的选择权。或许是因为他们的水源供应不适合种植棉花。当然，有些人确实像创业家那样，在坎儿井的基础上建立了新的村庄。正如我们所见，20% 的 *fulanabad* 式村庄名不是阿拉伯语。但其中大多数村庄似乎都坚持在阿拉伯征服前拥有的土地上，继续使用那个时期的农业技

40

术。这种情况限制了阿拉伯人购买现有村庄的机会，尽管也有
一些例子表明地位较高的穆斯林让他们儿子与改信伊斯兰教的
琐罗亚斯德教地主的女儿通婚。[49] 但琐罗亚斯德教徒对土地的
拥有和阿拉伯征服前农业模式的延续，也意味着阿拉伯人或无
地的改信伊斯兰教的伊朗人最有可能出资兴建坎儿井以及种植
棉花。

总而言之，尽管历史资料非常稀少且间接，可能会使上述
论点听上去令人费解和充满假设，但总的说来，它们还是有力
地支持了以下结论：

1. 在公元 9 世纪（伊斯兰历 3 世纪）早期，伊朗的内陆高
原地区开始出现大规模的棉花热潮。

2. 这股棉花热潮的基础是在需要坎儿井灌溉的土地上建立
村庄。（随着棉花热潮蔓延到中亚，其他的灌溉技术也逐渐盛行
起来。）

3. 穆斯林在建立这些村庄的过程中发挥了主导作用，尽管
到公元 9 世纪中叶，伊朗穆斯林的人口还不到伊朗总人口的
一半。

4. 琐罗亚斯德教村庄的所有者并没有同样参与到棉花热潮
之中，他们的土地是从萨珊王朝时期继承下来的，这些土地通
常通过其他方式来灌溉。

前面曾对尼沙布尔宗教精英职业称谓进行讨论，会有读者

对此讨论感到只依据伊朗中北部一个地区的数据可能会使以上结论无效。库姆不仅是一个单独的地区，而且它在9世纪（伊斯兰历3世纪）的政治史上也是非典型的。与伊朗的大多数地区不同，阿拉伯移民统治了库姆地区，什叶派成为伊朗伊斯兰教的主流。比起村庄的名字和农作物，《库姆编年史》中有更多关于阿拉伯主要家族的政治阴谋和对不公平税收的控诉。还应该注意的是，如表1.1所列的乌理玛的职业称谓所示，尼沙布尔棉花种植兴起于9世纪（伊斯兰历3世纪）末。

尽管尼沙布尔最终成为一个比库姆更大的城市，一个比库姆更重要的棉花中心，但有两个因素使它的棉花热潮有可能比库姆更晚出现。首先，比起尼沙布尔，库姆离巴格达和伊拉克南部的其他城市近便得多，这些城市肯定是伊朗纺织品的第一个主要出口市场。[50] 其次，统治库姆的阿拉伯人来自也门，而也门的棉花早在前伊斯兰时期就是一种常见作物。而尼沙布尔没有大量来自也门的定居者。

使对比变得更加困难的是，留存下来的一份名录中记载了68个村庄，这些村庄位于前伊斯兰时期由城墙环绕的尼沙布尔城附近，它们最终都被吸纳进这一扩张的大都市。这份名录包括15个 *fulanabad* 式地名，这接近库姆地区的比例。但其中只有3个地名可以完全确定是以穆斯林的名字开头。第4个地名如下："有城墙环绕的（*shahrastan*）萨布尔城（Sabur）（即萨

珊皇帝沙普尔二世，建立了尼沙布尔），现在被称为纳斯拉巴德
(Nasrabad)。"*Nasr* 是一个阿拉伯语单词，确实可以用作个人的
名字，但在这里的含义来自它作为一个普通名词的意思，也就
是"胜利"。很明显，尼沙布尔的征服者将属于萨珊王朝的旧城
重新命名为"胜利 -abad"，试图宣示他们的新领土。那么为什
么阿拉伯语的 *fulanabad* 式地名还是那么少呢？这可能是因为在
离城市很近的地方挖掘坎儿井，更多是为快速增长的城市人口
提供水源，而不是为了农业。在这一点上，穆斯林可能没有什
么特殊或独享的利益。最终促成尼沙布尔拥有纺织业中心声望
的棉田，大概是在离城镇更远的地方开垦出来的，而且那里改
信伊斯兰教的伊朗人要多于阿拉伯定居者。

注释

1. 本书中所有的日期都以公历纪元和伊斯兰历两种方式呈现，其中伊
   斯兰历将在括号中标注。

2. Hayyim J. Cohen, "The Economic Background and the Secular Occupations
   of Muslim Jurisprudents and Traditionists in the Classical Period of
   Islam," *Journal of the Economic and Social History of the Orient* 13,
   no.1(1970): 16-71.

3. Al-Hakim al-Naisaburi, "Tarikh Naisabur," 原稿影印件收录于 Richard N.
   Frye ed., *The Histories of Nishapur* (Cambridge, MA: Harvard University
   Press, 1965)。尽管科恩根据死亡时间确定了每个传记主人生活的时

代，我在自己的结论中都将他们的死亡时间减去了20年。我之所以这样做，是为了估算传记主人从事商业活动的时间。

4. Richard W. Bulliet, "Medieval Nishapur: A Topographic and demographic Reconstruction," *Studia Iranica* V (1976): 67-89.

5. Cohen, "Economic Background," 27.

6. Andrew Watson所著的*Agricultural Innovation in the Early Islamic World: The Diffusion of Crops and Farming Techniques, 700-1100* (Cambridge: Cambridge University Press, 1983)第六章中提供了大量早期棉花生产的资料。尽管他承认在伊斯兰时期棉花种植的范围非常广泛，但他并没有在书中提到萨珊王朝时期或伊朗最早的棉花种植。关于罗马帝国的棉花种植历史，可参见Maureen Fennell Mazzaoui, *The Italian Cotton Industry in the Later Middle Ages, 1100—1600* (Cambridge: Cambridge University Press, 1981)。

7. *Islamic Textiles* (London: British Museum Press, 1993), 23. 贝克并没有援引更多证据来支撑她的观点。

8. *The Cambridge History of Iran*, vol. 3(2), *The Seleucid, Parthian, and Sassanian Periods* (Cambridge: Cambridge University Press, 1983), 1107.

9. Mazzaoui, *Italian Cotton Industry*, 10-11.

10. Thomas Allsen, *Commodity and Exchange in the Mongol Empire: A Cultural History of Islamic Textiles* (Cambridge: Cambridge University Press, 1997), 68.

11. Liu Bo, *The Sogdian Letters from Dunhuang and the Sogdians in Dunhuang and Guzang During the Jin Dynasties* (刘波：《敦煌所出粟特语古信札与两晋之际敦煌姑臧的粟特人》，《敦煌研究》1995

年第3期），152-53, 转引自Etienne de la Vaissiere, *Sogdian Traders: A History*, tr. James Ward (Leiden: Brill, 2005), 52, n. 20。

12. *Sogdian Traders*, 67-69.

13. Simone-Christiane Raschmann, *Baumwolle im türkischen Zentralasien* (Wiesbaden: Harrassowitz, 1995), 17.

14. Liu Xinru, *Silk and Religion: An Exploration of Material Life and the Thought of People, AD 600-1200* (Delhi: Oxford University Press, 1996).

15. 这个梵语词汇在希伯来语中是*karpas*，在希腊语中是*karpasos*，在拉丁语中是*carbasus*。(Mazzaoui, *Italian Cotton Industry*, 9.) 但它失去了专指棉花的意思，有时表示的是细亚麻布或者细羊毛。(Gilad J. Gevaryahu and Michael L. Wise, "Why Does the Seder Begin with *Karpas*?" *Jewish Bible Quarterly* 27, no. 2, 1999:104-109.)所有类似的情况，语言学上的这种混乱反映了希腊化时代从印度进口的精细纺织品，而不是把棉花作为一个栽培品种的扩大种植。

16. Mazzaoui (*Italian Cotton Industry*, 15)写道："罗马帝国时代来自印度和/或突厥斯坦（Turkestan）的农作物生长在伊朗、巴比伦、巴勒斯坦以及很可能在小亚细亚的灌溉区……这种早期农作物通过伊朗进行的传播，在语言学的记录上留下了深刻印记。在后期拉丁语（low Latin）中棉花一词是*bambacium*，这个词借用了中古波斯语（middle Persian）*pambak*一词（现代波斯语中是*pambeh*-RWB）。在东欧和安纳托利亚，波斯语的词根保留在克罗地亚语*bambák*、俄语*bumága*、土耳其语*pamuk*以及匈牙利语*pamut*等词中。"既然伊朗商人能够沿着幼发拉底河的边界一路将棉纺织品送到罗马帝国的土地上，也就不奇怪来自梵语的中古波斯语词汇可以随棉纺织品一道传到各地了。然而，这并不足以证明萨珊王朝领土内的任何一个特定地区存在棉花种植。

17. Watson, *Agricultural Innovation*, Part 4.

18. Richard W. Bulliet, *Conversion to Islam in the Medieval Period: An Essay in Quantitative History* (Cambridge, MA: Harvard University Press 1979); and *Islam: The View from the Edge* (New York: Columbia University Press, 1994).

19. 伊朗相关档案的缺乏是一个非常明显的证明，见Eliyahu Ashtor, *Histoire des prix et des salaires dans l'Orient médiéval* (Paris: SEVPEN, 1969)。

20. 关于这些技术在伊朗的情况，见Willem Floor, *Agriculture in Qajar Iran* (Washington, DC: Mage, 2003), ch. 17。

21. 关于这些工序的详细讨论，包括纺纱、漂白、染色等，见Mazzaoui, *Italian Cotton Industry*, 74-76。

22. Pierre Briant, ed., *Irragation et drainage dans l'antiquité, qanats et canalisations souterraines en Iran, en Égypte et en Grèce* (Paris: Thotm éditions, 2001). 该书包括几篇讨论坎儿井时期问题的文章。关于最早使用坎儿井或者前伊斯兰时期可能未使用坎儿井的文章，见Remy Boucharlat, "Les galléries de captage dans la péninsule d'Oman au premier millénaire avant J. -C" (157-184)，他引述的 Peter Christensen 的支持性论述非常生动："我不知道有什么例子仅凭考古标准，就可以言之凿凿地将坎儿井追溯到史前时代。"然而，Briant 自己的文章 "Retour à Poybe: *hyponomoi et phreatiai*" (15-40)，就指出了一个无可置辩的例子，证明这项技术在阿契美尼德王朝末期已存在。

23. 关于丝绸贸易各方面问题的深入讨论，见Liu Xinru, *Silk and*

Religion。 该作者对丝绸的特别关注，留下了丝绸和其他纺织品之间比例的问题。另见*Cambridge History of Iran*, vol. 3, 1107-1112。

24. 关于大贵族家族得以幸存，见Parvaneh Pourshariati, *Decline and Fall of the Sasanian Empire: The Sasanian-Parthian Confederacy and the Arab Conquest of Iran* (London: I.B. Tauris, 2008)。

25. 参见George Stewart, *Names on the Land* (New York: Random House, 1945)。

26. Joseph E. Schwartzberg, ed., *A Historical Atlas of South Asia* (Chicago: University of Chicago Press, 1978).

27. 关于土地买卖文件的案例，见Hashem Rajabzade and Kenji Eura, eds,. *Sixty Persian Documents of the Qajar Period*, "Persian Documents," Series No.32 (Tokyo: Institute for the Study of Languages and Cultures of Asia and Africa, 1999)。

28. Mohammad al-Karagi, *La civilization des eaux cachés: traité de l'exploitation des eaux souterraines*, ed. and tr. Aly Mazaheri (Nice: Universite de Nice, Institut d'Études et de Recherches Interéthniques et Interculturelles, 1973), 5.

29. *Encyclopaedia Iranica*, ed. Ehsan Yarshater, vol. 1(London: Routledge & Kegan Paul, 1985), 57. 这里保留了原文中的参考书目，是为了说明阿什拉夫分析的学术依据。

30. 关于传统坎儿井的建设和复杂工序，参见Anthony Smith, *Blind White Fish in Persia* (New York: E.P. Dutton, 1953), 79-82, 97-100。另有关于现今位于库姆和伊斯法罕之间的卡尚地区（Kashan）坎儿井利用的研究，见"Qanat Irrigation Systems: An Ancient Water Distribution

System Allowing Specialized and Diverse Cropping in Desert Regions of Iran" (Islamic Republic of Iran: Centre for Sustainable Development [CENESTA], 2003)。在线全文见www.cenesta.org/projects/qanat/Qanat%20Irrigation%20Systems.doc。

31. Muhammad b. al-Hasan al-Hasib al-Karkhi, *Kitab inbat al-miyah al-khaffiya* (Heydarabad: Dairat al-Ma'arif al-'Uthmaniya, 1359 [1940]). 该作者一般被称为*al-Karkhi*，即巴格达附近的地区，这个词是*al-Karaji*的变体，即位于伊朗高原山麓地区的城市卡拉季（Karaj）。在该作者更有名的作品中，al-Karaji在代数领域获得了重大进展。我要感谢阿比盖尔·沙德（Abigail Schade）将这本书介绍给我。

32. A. Ben Shemesh, tr., *Taxation in Islam*, vol. 1, *Yahya ben Adam's* Kitab al-Kharaj (Leiden: E.J. Brill, 1967), 65ff.

33. 更全面的讨论见Briant, "Retour à Polybe: *hyponomoi et phreatiai*"。

34. Javad Safinezhad, *Boneh* (Tehran: Bakhsh-e Tahqiqat-e Insan Shenasi, Mu'assaseh-ye Motala'ats va Tahqiqat Ijtima'i, Daneshgah-Tehran, 1350 [1973]).

35. Javad Safinezhad, "The Climate of Iran and the Emergence of Traditional Collective Production Systems," unpublished article, 1977, map 7.

36. Ann K.S. Lambton, "An Account of the *Tarikhi Qumm*," *Bulletin of the School of Oriental and African Studies* 12, no.3-4(1948): 586-596; "Qum: The Evolution of a Medieval City," *Journal of the American Oriental Society* (1990):322-339.

37. Andreas Drechsler, *Geschichte der Stadt Qom im Mittelalter* (Berlin: Klaus Schwarz Verlag, 1999).

38. Michael G. Morony, "The Age of Conversions: A Reassessment," in Michael Gervers and Ramzi J. Bikhazi, eds., *Conversion and Continuity: Indigenous Christian Communities in Islamic Lands, Eighth to Eighteenth Centuries* (Toronto: Pontifical Institute of Medieval Studies, 1990), 135-150.

39. Bulliet, *Conversion*, 44.

40. Bulliet, *Conversion*, 66-71.

41. 关于这些名字与阿拉伯领导人的研究，见Andrew J. Newman, *The Formative Period of Twlver Shi'ism: Hadith as Discourse Between Qum and Baghdad* (London: Routledge Curzon, 2000), 38-41。

42. Lambton, "Account," 592.

43. Bulliet, *View from the Edge,* ch. 4.

44. Bulliet, *View from the Edge,* ch. 8.

45. Rudi Matthee, *The Pursuit of Pleasure: Drugs and Stimulants in Iranian History, 1500—1900* (Princeton: Princeton University Press, 2005), 217.

46. Ibn Hawqal, *Configuration*, 297.

47. Lambton, "Account," 588.

48. Smith, *White Fish*, 79-82.

49. 具体例子见Richard W. Bulliet, *The Patricians of Nishapur: A Study in Medieval Islamic Social History* (Cambridge, MA: Harvard University Press, 1972), Part 2 passim。

50. 早在阿拔斯王朝哈里发曼苏尔（al-Mansur）统治的时代，棉花就被纳入从里海沿岸运往巴格达的实物税中，但该地区丰富的水资源和炎热的夏季，与高原地区的农业状况截然不同。(Liu, *Silk*, 152.)

伊斯兰教和棉花

　　上一章论述了利用坎儿井灌溉开垦新农田和种植夏季作物所产生的经济效益，使伊朗在类似库姆这样的山麓地区出现棉花热潮成为可能。不过，这股热潮也影响了非山麓地区。9世纪（伊斯兰历3世纪）的地理学家经常记录不同地区的著名产品，可是他们并没有把库姆或哈马丹视为棉花的主要产地。相反，他们提到了伊朗北部最大的三个城市尼沙布尔、雷伊和伊斯法罕，乌兹别克斯坦的布哈拉和撒马尔罕，以及现今位于土库曼斯坦南部、当时与尼沙布尔一起被看作呼罗珊首府的梅尔夫。在地理上，尼沙布尔、雷伊和伊斯法罕和我们获得税收数据的库姆和哈马丹东部一样，都属于山麓地带。然而，梅尔夫的农业建立在从穆尔加布河下游引水灌溉的基础之上，正是在那里，这条河消失在卡拉库姆沙漠之中。布哈拉和撒马尔罕一带的农民利用泽拉夫尚河的水。不像伊朗的山上积雪稀薄，阿富汗和塔吉克斯坦的高山积雪足以供应长年流淌的大河，可以灌溉棉花这样的夏季作物。所有这些地区都有一个漫长而炎热的生长季节，有充足而稳定的水源补给，以及不断增长的穆斯林群体。前两个因素本身就说明了问题。第三个则需要进一步讨论，尤其因为，中亚虽然在阿拉伯征服之前就存在棉花种植，但正是在穆斯林的统治下，棉花种植规模才大幅提高。

43　　　谁种植了这些棉花？棉花如何销售？谁购买？谁把棉花变成纺织物？在哪里购买？为什么阿拉伯人征服伊朗后，一种原本在萨珊时代几乎无人知晓的作物竟然变得如此利润丰厚？棉花和伊斯兰教之间有什么联系？

　　从"发生了什么"转向"谁参与了以及为什么参与"，需要我们将史料从经济和地理转向社会和宗教。在上一章的开头，我们从一本传记词典所载尼沙布尔宗教精英的名字中发掘出许多信息。这类史料还可以告诉我们更多信息。不同地区、不同年代的伊斯兰传记词典差异很大，但这一时期伊朗的许多传记词典在结构和内容上都很相似。[1] 每一部都聚焦于一座城市及其周边地区。每一部都包含1000个甚至更多的传记条目，这些条目都按字母顺序排列，记录了宗教上的杰出穆斯林，尤其是那些参与传播先知言论（圣训）的学者，他们是那些城市的本地人或旅居者。

　　与前章关于尼沙布尔棉花的讨论一样，我们将主要关注传主的名字。伊斯兰早期的命名方法可能相当复杂，但一些被称为 *nisbas* 的名字，或表示关系的形容词，表明了一个人的职业。在那些提到职业名称的传主人名中，一些表示职业的 *nisbas* 毫无疑问是从他们父亲或祖父那里继承来的，因为这些人自己从未从事过那些职业。然而，当时的职业名称并不像今天的史密斯（Smith）、法默（Farmer）、库珀（Cooper）和索耶（Sawyer）那样固定不变。坊间传闻和文学资料都可以证实，烤面包的艾哈迈德（Ahmad the Baker）确实烤过面包，铜匠穆罕默德（Mohammad the Coppersmith）也确实打过铜锅。另外一个间接证据来自山姆·艾萨克·盖伦斯（Sam Isaac Gellens）对埃及墓碑上的职业名称的统计，这大概是一项"大众的"（即没有明显的社会分层的）人名分析资料。[2] 一些最常见的行业——木匠、渔夫、马鞍工、送奶工和染色工，他们的社会地位太低，无法出现在盖伦斯整理的埃及乌理玛的职业名称清单上。如果职业名称只是简单继承而来，后来与实际职业之间的联系消失了的话，那么情况就不会是现在这样。此外，事实上某些职业称谓反映了明显的地理差异（*Khayyash* 或"粗亚麻纺织品商人"，出现在埃及的亚麻生产者的名字之中，而不会在呼罗珊的棉花生产者的名字里；反之亦然，如 *Karabisi* 或"厚重棉纺织品商人"），这种差异强化了这样一种印象——这些名称不完全来自继承的传统，而是在许多情况下与某一地区的实际经济活动有关。

44

我们主要关注两个名字，一个是 *Qattan*，意思是"棉花种植者"或"原棉销售商人"（棉花在英语中的单词 cotton 来源于阿拉伯语 *qutn*）；另一个是 *Bazzaz*，意思是"棉布经销商人"。如表 2.1 所示，四部伊朗城市的传记词典中 *Bazzaz* 与 *Qattan* 的比例约为 1 比 1，但在伊拉克大城市巴格达，这个比例接近 5 比 1。[3]

对于这些数据最直接的解读就是，在棉花产地伊斯法罕、尼沙布尔、加兹温（Qazvin，也是一个山麓地区的城市）和戈尔干（Gorgan，位于里海东南角的低降水量平原上），棉花种植和棉布销售之间有一种近乎平衡的关系。此外，这两种职业的地位都得到了很大提升，宗教人士可以在自己的名字中提及它们。事实上，在这四本词典所涵盖的大部分时间里，Qattan 和 Bazzaz 都属于出现频率最高的三种职业之一。（*Tajir*，意思是"普通商人"，通常是出现频率第三高的。）

巴格达的情况与此截然不同。棉布经销商人远远超过棉花种植者。造成这种差异的原因是，伊拉克几乎不种棉花，至今依然。在 20 世纪（伊斯兰历 14 世纪）建设大规模防洪工程之前，土耳其山区融雪引发的春季洪水，使底格里斯河和幼发拉底河难以为夏季种植提供稳定水源。唯一的例外似乎是长距离的纳赫拉万灌溉渠（Nahrawan Canal）和阿瓦士（Ahwaz）地区的灌溉。纳赫拉万运河从底格里斯河引水进入巴格达以东的农业地区，阿瓦士地区现今是伊朗的一部分，那里的灌溉用水来自较

45

为稳定的卡伦河（Karun River）。在巴格达的传记词典中，只有这两个地区有名为 Qattan 的人居住。(这个名字实际的意思是"原棉的种植者或销售商人"。很明显，有几个叫作 Qattan 的人被描述为在 Dar al-Qutn 即"棉花之家"生活或工作，这个地方似乎是巴格达集中的棉花市场的仓库所在。*Daralqutni*，是鲜有的源自这个建筑的名字，可能也表示棉花商人的职业。)

表 2.1　传记词典中有关纤维制品的职业名称

城市	棉布：Bazzaz	棉花作为作物：Qattan	丝绸：Ibrisimi, Qazzaz, Khazzaz, Hariri	羊毛：Sawwaf
伊斯法罕	17	17	4	0
尼沙布尔（哈基姆 [al-Hakim]）	23	18	3	0
加兹温	43	30	4	3
戈尔干	15	13	10	0
巴格达	258	57	40	6

巴格达的棉花种植者和棉布经销商人之间巨大的不均衡显示出一个显而易见的问题——假设棉布经销商人的数量如此之多，是因为他们的商品需求量巨大（与如下情境相反：巴格达商人的业务量比伊朗商人的业务量要小），那么他们从哪里获得商品呢？伊拉克本地生产的棉花显然太少，不足以供应巴格达

市场。埃及是现代最大的棉花生产国，但那时根本不产棉花。亚麻布自古以来就是埃及人日常使用的纺织品，同时埃及的亚麻布还广泛出口。至于叙利亚，地理学家研究称，大马士革北部地区确实种植棉花，而且叙利亚棉花也曾少量地参与到地中海贸易中；但没有迹象表明叙利亚的棉花曾出口到巴格达。[4]也门是中世纪阿拉伯世界仅有的另一个棉花产地，为圣城麦加和麦地那提供棉花，但与伊拉克的贸易有限。因此可以得出结论，在巴格达、库费（Kufa）和巴士拉等伊拉克城市出售的大部分棉布，都是从伊朗进口的，尽管不能完全排除另一个主要棉花产区印度的可能性。

46　　仅巴格达一座城市就构成一个巨大的市场—— 一个繁荣的阿拉伯帝国首都，其大小是伊朗主要城市的5倍到10倍。巴格达之于伊朗的棉花产业，正如曼彻斯特之于美国南部的种植园，区别在于伊朗人是将成品而非原棉运往伊拉克。与阿拉伯帝国中心蓬勃发展的贸易可以解释，伊朗棉农究竟如何从他们的作物中赚到足够的钱，来缴纳9世纪（伊斯兰历3世纪）各个时期比主要粮食高出2倍到10倍的赋税。但我们应当看到，这也有助于我们理解，一方面，伊朗高原如何从一个由萨珊时期地方贵族控制的以农村为主的地区，向繁荣的纺织中心和棉花成品出口城市转变的过程，另一方面，穆斯林学者群体又是如何迅速增长的。

抱有怀疑态度的人会再次对以下观点感到惊讶：经济活动的重大变化，可以从关于宗教学者的传记词典中推断出来。乍一看，这一论调似乎有点像试图根据《美国名人录》（*Who's Who in America*）中大学教授的表示职业的姓氏来剖析美国国民经济。但是，尽管后一种计算方法确实是不可行的，但伊斯兰早期伊朗的职业与宗教学术之间的关系是稳定而且重要的。

　　关于宗教和纺织品关系的第一个线索，可以在表 2.1 羊毛和丝绸的数据中找到。毫无疑问，在萨珊王朝和伊斯兰时期，羊毛在整个中东地区都很常见。每年都有大量的羊毛在市场上交易。然而，在伊朗和伊拉克，宗教学者几乎完全没有与羊毛贸易有关的职业名称。某种程度上，这是由于羊毛来自从事游牧和畜牧经济的地区。因此，羊毛销售中获得的利润，要么流向了那些受教育程度最低、文化程度最低的社会阶层，要么流向了与他们有关系并将其产品推向市场的中间商。可以肯定的是，有一些羊毛大批发商自己并不从事畜牧业，但羊毛也是一种不适合宗教精英的尊严的粗纤维。就像织工（韦弗 Weaver）、陶工（波特 Potter）和渔夫（费希尔 Fisher）这类的职业名字几乎从未出现在传记词典中一样，*Sawwaf* 也就是"羊毛商人"的名字表明这个行业不会给那些渴望成为乌理玛的人们带来任何

47

荣誉。由于职业称谓完全是人名中可以选择的部分，因此人们可以很容易地避免与不体面的行业联系起来。可以肯定的是，人们普遍认为，将羊毛（阿拉伯语中的 *suf*）与贫穷和落伍者联系在一起是"苏菲"（*Sufi*）一词的来源。"苏菲"一词指的是伊斯兰神秘主义的一股潮流，它包含了许多受人尊敬的苦修者的做法和信仰。然而，穿着羊毛衣服来显示自己的谦卑与从事羊毛贸易是完全不同的。

如果说羊毛是谦卑的象征，那么丝绸则恰恰相反。萨珊王朝的贵族精英们既喜欢丝绸（*harir*），也喜欢提花丝绸（*dibaj*）。反映这种偏好的证据在那个时期的图像资料中比比皆是，也反映在《古兰经》中。在描述天堂的极乐景象时，《古兰经·朝觐章》第 23 节写道："真主必定要使信道而且行善者进入那下临诸河的乐园，他们在其中得享用金镯和珍珠作装饰，他们的衣服是丝绸的。"

然而，对于穆斯林来说，这种奢华的愿景是留给那些得到救赎的灵魂的。先知圣训则明确反对世间的穆斯林男人穿丝绸。《布哈里圣训集》（*hadith collection of al-Bukhari*）中就有下列诸例[1]：

①　以下译文摘录自中译本《布哈里圣训实录全集》，祈学义译，宗教文化出版社，2008年。引文后分别标注英文（USC-MSA译本）和中译本章节。——译者注

1. 据阿卜杜·拉赫曼·本·格奈姆·艾什阿里（Abu 'Amr）传述，艾布·阿米尔或艾布·马立克·艾什阿里（Abu Malik al-Ash'ari）告诉我，以真主起誓！他不会对我撒谎。他听先知说："我的教民中必将出现一些人，他们将把奸淫、穿戴丝绸、饮酒和各种乐器视为合法。还有一些人住在山顶，他们的牧人晚上赶着他们的羊群来要求他们一些事情，可他们对他说：'你明天再来见我们。'接着真主当夜惩罚，用山压死他们，并将另一些人变成猿猴和猪，直到末日。"（7:494）（74:5960）

2. 据欧格拜·本·阿米尔（Uqba b. 'Amr）（求真主喜悦他）传述，有人给真主的使者送了一件丝绸法鲁吉（farruj 从后面开衩的长袍），他穿上后去礼拜，不久后，他回来狠狠地摔下，好像憎恶这种衣服，随后说："敬畏者不该穿这种衣服。"（7:693）（77:5801）

48

3. 据艾布·奥斯曼·奈海迪（Abu 'Uthman al-Nahdi）传述，我们同欧特拜·本·法尔格德（'Utba b. Farqad）在阿塞拜疆时接到欧麦尔（'Umar）的来信，信中说真主的使者禁止穿丝织物，除非就这么一点。他说这话时用靠近大拇指的两个手指打着手势。以我们所见，他指的是刺绣的花边。（7:718）（77: 5828）

4. 据艾布·奥斯曼说，我们同欧特拜一起（在阿塞拜疆）时，欧麦尔（求真主喜悦他）致信给他，信中说先知曾说："在今世不许穿戴丝绸，否则后世里无丝绸可穿。"艾布·奥斯曼讲述时用食指和中指打着手势。（7:720）（77:5830）

5. 据伊本·艾布·莱俩（Ibn Abi Laila）传述，侯宰法（Hudhaifa）在麦达因（al-Mada'in）时要水喝，村长用一个银质器皿给他端来水，他把器皿扔给酋长，他（对身边的人解释）说："我扔给他，是因为我屡禁他不止。真主的使者说：'金银绸缎今世上是属于他们（指不信真主的人们）的，后世里是属于我们的。'"（7:222）（77:5831）

6. 据艾奈斯·本·马立克（Anas b. Malik）说："先知说：'在今世戴丝绸的人，到后世里绝对穿不到丝绸。'"（7:723）（77:5832）

7. 据拜拉义（Al-Bara'）（求真主喜悦他）传述，有人给先知送了一件丝绸衣服，我们边摸边赞不绝口，先知说："难道你们竟对这个表示赞叹吗？"我们说："是的。"他说："乐园里塞阿德·本·穆阿兹（Sa'd b. Mu'adh）的手帕要比这个好得多。"（7:727）（77: 5836）

8. 据侯宰法（求真主喜悦他）传述，先知禁止我们用金银器皿吃喝，禁止穿丝绸锦缎，禁止我们坐于其上（即铺用）。（7:728）（77:5837）

9. 据阿里·本·艾布·塔利卜（'Ali b. Abi Talib）（求真主喜悦他）传述，先知送给我一套绣丝服饰，我穿上出来时看到他脸带愠怒，于是我将它撕开分给我家的妇女们（指阿里的妻子法蒂玛和阿里的母亲）做头巾。（7:731）（77:5840）

10. 据阿卜杜拉·本·欧麦尔（'Abdullah b. 'Umar）（求真主喜悦他父子俩）传述，欧麦尔（求真主喜悦他）看见出售的一套绣丝服饰，他说："真主的使者啊！倘若你买下这套服饰，接见来访的使团和聚礼时穿上它该有多好！"使者说："只有无福分的人才会穿这种服饰。"后来先知差人给欧麦尔送去一套适合他穿的绣丝丝绸服饰，欧麦尔说："你让我穿这套服饰，可我听到你曾批评这种服饰。"他说："我差人把它送给你，是让你卖掉它，或你送给别人穿。"（7:732）（77:5841）

类似的圣训是否产生于 7 世纪（伊斯兰历 1 世纪）先知及其弟子在麦加和麦地那的背景下，或是否真的有任何圣训在如此情况下产生，以及是否部分或全部圣训产生于 8 世纪（伊斯兰历 2 世纪）后期伊拉克的背景之下，学术界对以上问题一直争论不休，但这并不影响我们的分析。伊斯兰教反对穆斯林男性穿着丝绸制品是毫无疑问的，无论这是不是最早出现在阿拉伯半岛西部偏远地区，因为那里丝绸制品非常罕见、昂贵而且受人喜爱（参见前文所列的布哈里圣训录 7、9—10），也无论这是否反映了穆斯林军队在穆罕默德死后开始的对外征服中，希望避免非阿拉伯精英的奢侈行为。（见布哈里圣训录 3、5）

如果丝绸不被允许，那么虔诚的穆斯林男性该穿着什么呢？莫林·芬内尔·马佐维（Maureen Fennell Mazzaoui）是研究 12 世纪（伊斯兰历 6 世纪）中东棉花产业向意大利转移的历史学家，她有如下概述：

> 阿拉伯征服标志着近东和地中海商业的彻底重新定位，其中就包括棉花贸易。阿拉伯人是近东地区最早大规模将棉花用于服装生产和其他用途的人。……从很早的时候开始，印度的布料就是阿拉伯贸易的重要对象，而阿拉伯半岛（尤其是也门）是棉花在印度以外最早出现的地区之一。

> 阿拉伯部落广泛使用的棉制服装最早可以追溯到穆罕默德时代，甚至更早的时候。据说，先知本人穿了一件白色的棉布衬衫，裤子大概也是同样的材料，外面披了一件羊毛斗篷。这种布料可能来自阿曼和也门，那里的棉花制造业历史悠久、享有盛誉。哈里发欧麦尔和阿里及其追随者也穿着同样的服装，这无疑反映了该地区已经普遍存在

的简洁服装模式。这种形式的服装是与穆罕默德对谦虚和 50
在服饰上避免炫耀的训诫相一致的，这也成为伊斯兰法学
家制定限制奢侈法律的基础。伊斯兰教律禁止男性的服饰
中使用黄金、丝绸或其他奢侈品。而棉花、亚麻和羊毛是
可以使用的织物。被允许使用的颜色则是黑色和白色。[5]

这段精心润色、内容缜密的概要没有注意到的是，在阿拉伯
人凭借武力建立的庞大帝国里，衣着朴素的阿拉伯部落只是分散
的小群体。随着时间的推移，这些阿拉伯人的衣着偏好变成了
大批改信伊斯兰教的非阿拉伯人的偏好，这种转变需要我们进
一步研究。阿拉伯人的衣着品味是如何变成所有穆斯林的品味
的，尤其非阿拉伯精英们好几个世纪以来就喜爱丝绸衣物。

奇怪的是，圣训没怎么提及棉花、亚麻或羊毛。批判穿着
丝绸，以此呼唤先知的道德权威，可是对其他纤维制品的支持
显然不是为了这个目的。有时圣训中会说明某些纤维制品的产
地。例如产自埃及的亚麻制品：

11. 迪赫耶（Dihya b. Khalifa al-Kalbi）传述：有人馈
赠使者穆罕默德科卜特细白亚麻布，使者穆罕默德给我
送了一件，且说："你将他一劈为二，一块你做件衬衣，
另一块给你妻子做面纱。"他转过身时，使者穆罕默德又

说："你让妻子面纱下边再穿件不外露的衣服。"（32:4104）
（27:3790）[①]

棉花则是产自也门。马立克·本·安纳斯（Malik b. Anas）
编纂的《穆宛塔圣训集》（Al-Muwatta'）中有类似记载：

12. 先知的妻子阿伊莎（'A'isha）说（愿真主保佑他
赐予他安宁），真主的使者（愿真主保佑他赐予他安宁）死
后被裹在三件白色棉质的 *Sahuli* 之中，其中没有衬衫或者
头巾。（*Sahuli* 指的是来自也门小镇萨胡尔（Sahul）的纯白
棉布。）（16:5）

13. 叶海亚·本·赛义德（Yahya b. Sa'id）说，当阿布·伯
克尔（Abu Bakr）生病时，他问阿伊莎："真主的使者（愿
真主保佑他赐予他安宁）死后身上裹了几件衣服？"阿伊莎
说："三件白色棉质的 *Sahuli*。"（16:6）

至于羊毛，几乎没有与先知相关的记述：

---

14. 阿依莎传述："我给使者穆罕默德做了件黑色斗篷，使者穆罕默德便穿在身上。后来一出汗，就有羊毛味儿。使者穆罕默德遂脱掉了。"（32:4063）（27：3751）^①

在衣着颜色的规定上，一些圣训证明白色是首选，尽管黑色是在公元 750 年（伊斯兰历 132 年）阿拔斯王朝建立后官方使用的颜色：

15. 伊本·阿巴斯（Ibn al-'Abbas）传述：穆圣说："你们当穿白色衣服，因为它属于最好的衣服，你们当用白布为亡人穿克凡（即裹尸布）。"（9：784）^②

16. 赛姆尔（Samura）的传述：使者穆罕默德说："你们当穿白色衣服，因为它最纯洁。你们当用白布为亡人穿克凡。"（20:1763）^③

让我们来看看将圣训视为一个整体的证据，看看对穿着丝

---

① 译文摘录自中译本《艾布·达乌德圣训集》，引文后分别标注英文译本和中译本章节。——译者注

② 译文摘录自中译本《提尔米兹圣训集》，穆萨·余崇仁译，宗教文化出版社，2013年。引文后为中译本章节。——译者注

③ 译文摘录自中译本《奈萨仪圣训集》，穆萨·余崇仁译，宗教文化出版社，2013年。引文后为中译本章节。——译者注

绸和锦缎的强烈反对，以及对白色亚麻和棉花有些聊胜于无的
虔诚，这两种纤维无论是用于服装还是裹尸布（朝圣服装也可
以包含在内），都揭示了一种可能性，那就是伊斯兰早期与其说
是向整个穆斯林群体传播阿拉伯部落的衣着偏好，不如说是在
曾经的萨珊领土上进行审美竞争。丝绸织锦继续代表着贵族、
财富和奢侈；在穆斯林统治集团的历史叙述中，特定种类丝绸
的名称远远超过了棉和亚麻织物的名称。[6] 但丝绸也给它的穿着
者打上了钟情于萨珊审美的烙印，而且这个人还是一个不虔诚
的穆斯林。相比之下，纯白的棉布（或埃及的亚麻布）象征着
虔诚的伊斯兰教，表明穿着它的人与阿拉伯征服者有着相同的
审美。

52   刘欣如则持相反的观点，她认为，大量的证据表明，统治
阶层始终在欣赏和消费丝绸。"伊斯兰限制奢侈的法律主旨（即
禁止穿着丝绸）并不是为了将统治者与被统治者区分开来，而
是为了推动宗教禁欲主义和阿拉伯传统文化中享乐主义之间的
妥协。"[7] 她对哈里发的珍宝和礼物，以及奢华生活轶事的描述，
都是不可否认的。人们的确继续购买和穿着丝绸。但是，她在
解释"统治者与被统治者"和区分"宗教禁欲主义与享乐主义"
的时候，忽视了穆斯林与非穆斯林之间不断演化的关系。

        如果所有穆斯林都属于统治者群体而所有非穆斯林都属于
被统治者群体，或者，如果每个人都宣称信仰伊斯兰教，但他

们持有相反的看法，一方支持禁欲主义，而另一方则支持享乐的生活方式，那么刘欣如的想法可能有一些道理。然而事实上穆斯林最初只是一个人数很少的阿拉伯统治群体，他们统治了人数庞大的非阿拉伯、非穆斯林群体，随着时间的推移，穆斯林群体已经演变成了一个统治者和被统治者共同信仰伊斯兰教的社会。正如我们将看到的，刘欣如的说法不切实际，而且恰恰与历史证据相反，也与那种认为限制奢侈的禁令在穆斯林社会不断演化过程中意义始终保持不变的想法相反。

最初，将穆斯林和非穆斯林风格在公共场合的冲突视为正式区分统治者和被统治者的政策的一部分，并不是没有道理的。起源时间并不明确的《欧麦尔协定》（Pact of Umar），旨在明确叙利亚受穆斯林统治的基督徒被允许的行为。[8] 除其他事项之外，签署该协定的基督徒还申明："我们不应该变得像穆斯林一样，不应该模仿他们的服饰，如 *qalansuwa*（一种无边沿便帽或毡帽 fez）、头巾（通常由棉花、亚麻或丝绸制成）、鞋子或分头发型。"穆斯林与此相应的禁止丝绸（即异教徒在今世享用丝绸和 *dibaj*，而穆斯林会在来世享用它们），似乎可以合理地解释为，当穆斯林统治者还是一个人数很少的统治群体时，这种禁令是他们为了保持自己外表独特性的愿望。人们可能会想将其与清初满人坚持让汉人留辫子相比较，或者与欧洲历史上不同时期用于区分犹太人和基督徒的各种着装规范进行比较，又

53

或者与在英国光荣革命时天主教骑士的华丽服装及新教非国教徒（Protestant Dissenters）的朴素服装进行对比。

尽管《欧麦尔协定》的起源值得商榷，但能够确定在 10 世纪（伊斯兰历 4 世纪）早期的两则民间轶事能够支持这一解释。在第一则轶事中，一位倭马亚王朝王子于 750 年（伊斯兰历 132 年）在其王朝覆灭后为了逃难，据说已经逃到了努比亚（Nubia，苏丹北部），并且还接待了当地一位国王的来访。当地的国王拒绝坐在为他铺好的地毯上，因为他希望在真主面前保持谦逊。然后他问倭马亚王朝对一些行为的惩罚，比如喝酒和穿华贵的服装：" '为什么，'国王接着说，'你们仍然不顾书本和宗教的禁令，仍然穿着锦缎、丝绸和黄金？'我反唇相讥道：'当我们失去手中的权力时，我们会向那些接受我们信仰的外来种族寻求援助，我们从他们那里接受了这些衣服。'"[9]

另一则轶事与阿夫辛（al-Afshin）有关。阿夫辛是塔吉克斯坦一个小公国的世袭统治者，在阿拔斯王朝哈里发穆阿台绥姆（al-Mu'tasim，约公元 833—842 年 / 伊斯兰历 217—227 年）的统治下，凭借军事威慑和对中亚军队的指挥，掌握着巨大的权力。他曾被指控是一个不虔诚的穆斯林，并且因此最终被处死，宗教法庭认为他曾在私下里说过："我在自己所有憎恶的事上都向这些（阿拉伯人）屈服，某种程度上我甚至因此而要吃油、骑骆驼、穿凉鞋。可是我一根毫毛也没掉过！"这句话的意思是他没有剃除体毛，也没有接受割礼割掉包皮。[10]

一方面，一位 8 世纪（伊斯兰历 2 世纪）落魄的王子说，外国人成功说服他的家人放弃纯粹的阿拉伯生活方式；另一方面，一位 9 世纪（伊斯兰历 3 世纪）为穆斯林统治者服务的伊朗王子证明，他已经抛弃了自己的传统，接受了令人憎恶的阿拉伯习俗。前一段轶事更符合阿拔斯时期，那时波斯风尚正在巴格达盛行，包含这段轶事的文本也是在那时写成的。与阿拔斯王朝的人不同，倭马亚王朝的人从不依靠"异族"。后一个故事同样可疑，因为它是诽谤性指控的一部分。但这两则轶事都符合《欧麦尔协定》中关于服饰象征之重要性的要求。《欧麦尔协定》中的头巾和鞋子与两则轶事中的织锦和凉鞋，都是被用来区分阿拉伯统治者和非阿拉伯被统治者的。然而，无论这两则轶事有多么强的人为痕迹和不合史实，它们都反映了对个人形象的关注，这在读者看来应该是很真实的。

正如前文所述，宗教精英本身对棉花的参与程度远远大于对丝绸的参与程度，尽管后者仍很受欢迎。至于选择经营丝绸的乌理玛，我们无法判断他们所迎合的消费者是男性还是女性。后者显然被允许穿丝绸服装：

17. 阿里（Ali b. Abi Talib）传述：使者穆罕默德曾拿了一件丝制品放在自己右边，又拿了一件金饰品放在自己左边，然后说道："这两件东西，对我的男性稳麦是非法的。"（稳麦即大众、人群）（32:4046）（27:3736）^①

这种允许可能源于这样一个事实，即妇女穿着丝绸很少会在家外面被人看到，因为妇女外出时通常会用纯棉、亚麻或羊毛将自己遮盖起来。同样的情况如今在沙特阿拉伯和伊朗伊斯兰共和国以及许多其他国家虔诚的妇女中继续存在。因此，妇女在家里穿着丝绸不会削弱朴素的阿拉伯／穆斯林服装和奢华的萨珊／琐罗亚斯德教服装在公共场所的视觉对比。

表 2.1 中，伊朗四个城市中有三个城市的丝绸商人数量占棉花商人总数（Qattan 和 Bazzaz）的 5% 至 12%。这一比例在巴格达是 12%，而大部分关于丝绸织物的信息都是从这里得到的。因此，即使在奢侈度上逊色，棉花在数量上则大大超过了丝绸，至少那些著名宗教人物家族经营的商店里是这种情况。即使是在五座城市中唯一以产丝闻名的戈尔干，每有一个丝绸商人，就有三个乌理玛棉农和棉布商人。

当然，伊斯兰教对穿着丝绸的反对可能使一些乌理玛对丝绸贸易并不感冒，因此使得传记词典中乌理玛的案例出现偏

---

① 译文摘录自中译本《艾布·达乌德圣训集》，引文后分别标注英文译本和中译本章节。——译者注

差。但不可忽视的是，阿拉伯帝国政府官方在建立生产 *tiraz* 的
工厂时，表现出对棉花和亚麻产业的偏爱。*tiraz* 是一种由普通　　55
亚麻或棉花制成的纺织品，上面只有一条窄窄的机织物或刺绣
的阿拉伯文书法。阿拉伯文书法普遍都是用丝绸绣的。这解释
了在圣训 3 和 4 中提到的一般禁止穿着奢侈织物的例外："中指
和食指"表示带有文字的 *tiraz* 的宽度。[11] 阿拉伯帝国建立生产
tiraz 的工厂的原因，是为了制造一种特殊的荣誉袍（*khil'a*）面
料，作为对官员和宠臣的礼物。阿拉伯文书法一般都包含哈里
发的名字。

　　tiraz 不仅由官方工厂生产，而且许多宗教学者的名字都与
其生产相关，如穆塔利兹（Mutarriz）或蒂拉兹（Tirazi）。超过
1000 件 *tiraz* 如今仍保存在博物馆里，大多是阿拉伯文书法条带
的形式，这些条带是从它们曾经镶边的布上剪下来的。然而，
尽管那些原始的布大多已被丢弃，但从这些遗留下来的标本可
以清楚地看出，阿拉伯文书法条带通常出现在一块普通或朴素
条纹布的边缘，这种布料大到足以裁剪成一件及地长的衣服。
到目前为止，亚麻是这些现存的标本中最常见的原始纤维，因
为它们大部分都来自埃及，那里的气候条件有利于考古发掘中
有机材料的保存。但是在 *tiraz* 的消费中心巴格达的传记词典
中，几乎没有"Kattan"也就是"亚麻商人"这个名字，这表明
在伊拉克和伊朗，棉花是最常见的织物原料。

　　刘欣如忽略了原始织物，而只把 *tiraz* 看作是伊斯兰世界丝绸贸易的一个组成部分，这是对纺织行业的错误描述。在这个行业中，纺织工生产不同码数的原始织物，不管它们的质地是棉的还是亚麻的，这只是为了给几卷丝线提供背景而已。[12] *tiraz* 是刘欣如假定的"宗教禁欲主义和享乐主义"之间妥协的核心，因为它据说能让人们避免了全丝质服装的"享乐主义"，同时也让人们摆脱用不加装饰的织物包裹身体的"禁欲主义"。（穿着由棉花和丝绸交织而成的精细纺织品 *mulham*，就是这种结合的一个例子。）一种更合理的解释是，那些渴望穿着丝绸服装和织物的统治者，只能通过荣誉袍来给他们偏爱的人一点点丝绸般的奢侈。在这种地位高、责任重的情形下，他们实际上是在遵守宗教上禁止丝绸精神的同时，保证最好的棉和亚麻织物生产。

　　以萨珊王朝的丝绸（*dibaj*）和阿拔斯王朝的 *tiraz* 为代表的审美竞争在另一个制造业领域留下了痕迹，那就是陶瓷制品。在 9—10 世纪（伊斯兰历 3—4 世纪），有一种被称为"尼沙布尔器皿"或"撒马尔罕器皿"的陶器，成为陶瓷制品领域与 *tiraz* 地位相当的陶器。[13] 制陶工人首先在一个由红黏土制成的盘子或浅碟上涂一层薄薄的纯白黏土，这被称为"泥釉"（slip）。然后在盘子边缘的泥釉上写下黑色或紫红色的装饰性阿拉伯文书法，有时书法也写成一条穿过盘子中心的线。这些书法很难理解，通常都是些宗教格言（例如，"你的谦虚只属于你自己；看呐，我的行为证明我的宽宏大量"或者"虔诚信仰、持之以恒的人终能杰出"）。[14]假设这些大批量制造的盘子实际上是用来盛饭的，那么把食物放在真主或《古兰经》的经文上可能就被认为是不合适的。这种被艺术史家称为"泥釉彩陶"的器物，在朴素的白陶边缘有紫红色的书法，产于尼沙布尔和撒马尔罕——这两个都是主要产棉城市并非巧合——并出口到其他地方。尽管波斯语是陶器主产地的通用语言，但陶器上的文字都是用阿拉伯语写的，阿拉伯语是阿拉伯移民和改信伊斯兰教的受教育的伊朗精英所独有的语言。

　　在尼沙布尔有一种接近于当代陶器风格的器物，艺术史家称为"浅黄色陶器"，与泥釉彩陶形成了鲜明的对比，因为保留了前伊斯兰时期与土地贵族有关的意象和风格。许多器物上（以深碗为主）都有鸟类、动物或几何图案。但偶尔一些设计借鉴了萨珊银器上狩猎和宴会的图案。画中的男人穿着合身的锦缎束腰外衣，套着宽下摆的裙子，足蹬靴子，腿上穿着剪裁考究的短裤，有时还会再穿一件短披肩。虽然拥有这些图案的浅黄色陶器是在梅尔夫的萨珊地层发掘出来的，时间上属于前伊斯兰和伊斯兰早期，但似乎这些图案大部分都在9世纪（伊斯兰历3世纪）的尼沙布尔出现过，并于11世纪（伊斯兰历5世纪）消失。[15]尽管这两种陶器风格在尼沙布尔遗址的特定发掘地点

57

58

有重叠，但随着时间推移，与带有萨珊时期图案的浅黄色陶器相比，带有书法的泥釉彩陶越来越不受欢迎。[16]在第三章中，我们将在分析棉花热潮消退的问题时，再重新分析这些风格的时间顺序。它们对目前我们讨论的贡献是给出了另一个视觉上的例子，让我们考察穆斯林与非穆斯林、阿拉伯人与波斯人、精英与普通人之间的平衡。

因此，在当时日常城市生活的两个重要领域中，即服装风格和饮食方式（不同的容器形状必然意味着不同的饮食结构），萨珊王朝的视觉审美和伊斯兰的视觉审美之间存在着明显的冲突。作为政治上处于统治地位的少数群体，阿拉伯人和改信穆斯林的人们试图通过视觉象征在公共领域确立自己的地位。为了让穆斯林保持独特的样子，他们必须在生产、经营和技术上做出改变。这一点在陶器上早已得到了公认，因为有许多独特的标本已经留存了几个世纪，也因为萨珊王朝和伊斯兰陶瓷在风格和技术上有很大的不同。阿拉伯征服之前制作的陶罐大多是未上釉的，或者只是单一的绿色。也从来没有人试图模仿萨珊王朝贵族的金银餐具。相比之下，穆斯林时期的器物种类繁多，技术上也有很大的创新，除了上面提到的几种，还有仿制中国唐代的泼墨画。显然，高质量陶瓷制品在城市市场中的需求不断增加，制陶工人们开发出新的技术和设计来满足市场需要。与此同时，属于贵族们的名贵盘子和高脚杯的市场则在萎

缩。地名、人名和税收标准的证据都表明，服装产业也出现了
类似的创新。

　　9—10 世纪（伊斯兰历 3—4 世纪），阿拉伯人和改信伊斯
兰教的伊朗人为了践行穆斯林风格的着装、饮食和房屋装饰风
格，某种程度上促进了农业和工业生产新形式的出现。在这一
过程中，他们把伊朗高原从自给自足的农业地区转变成迅速发
展的城市地区，过去这个地区只是处于中国对外奢侈品贸易路
线上的一站，后来变成了可以供给当地消费和出口的纺织品以
及高质量陶瓷制品生产中心。贸易中获得的利润为一个独特的
伊斯兰城市社会的发展提供了资金。因此，可以完全肯定的
是，《库姆编年史》中的 *fulanabad* 式村庄中 80% 都有阿拉伯语
名字，而棉花生产与穆斯林宗教学者使用的职业名称之间存在
着如此明确的联系。尽管阿拉伯帝国的宫廷依然使用奢华的丝
绸，但在伊朗，伊斯兰教就意味着棉花，而棉花也意味着伊斯
兰教——至少在 9 世纪（伊斯兰历 3 世纪）是这样。

　　那些宣扬圣训禁止穿着丝绸的人们（某些情况下可能就是
编纂这些圣训的人），他们自己也经常参与棉花贸易，这并非巧
合。9 世纪（伊斯兰历 3 世纪）中期，改信伊斯兰教的势头在

60

伊朗愈演愈烈。从棉花种植者的角度来看，每一个新改信伊斯兰教的人都是潜在的消费者。新穆斯林模仿阿拉伯人表现出的生活方式，并试图将自己与被他们抛弃的琐罗亚斯德教、基督教或犹太教群体区分开来。他们不仅愿意将自己裹在棉长袍和头巾里，还会购买棉布用作死后的裹尸布。琐罗亚斯德教则与此不同，尸体虽然在葬礼上被白色（公牛尿液）覆盖，但最终要被裸身置于寂静之塔（*dakhmas*）由秃鹫分食。[17] 对一些伊朗穆斯林来说，一种类似于帆布的重型棉质织物 *karbas*，成了"裹尸布"的同义词。[18] 毋庸置疑，伊拉克改信伊斯兰教人口的增长促进了伊朗国内市场的发展，这些市场本来就由改信伊斯兰教的伊朗人创建。这种人口增长刺激了进口棉花产品的需求，而伊朗和中亚间成熟的商路恰好是最理想的供应方式，尤其是棉花热潮延续到了中亚地区之后。

在伊朗，那些为了种植棉花而建立新村庄的创业者，很可能把自己的村民视为潜在的消费者。理查德·伊顿（Richard Eaton）的《1204—1760 年伊斯兰教的兴起与孟加拉边疆》（*The Rise of Islam and the Bengal Frontier, 1204—1760*）[19] 一书中，设立模型来解释这种情况何以出现。伊顿对伊斯兰教在东孟加拉（现今孟加拉国）的广泛传播，提出了一个有说服力、有充分证据的解释。简而言之，他认为莫卧儿王朝的苏丹给政府官员提供土地，而政府官员又与创业者签订合同，从而把密林和林地变成稻田。这些创业者大多是（但不完全是）穆斯林，他们与当地人一起清理密林、建造村庄、种植水稻。当创业者是印度教徒的时候，他们创建的村庄就信仰印度教。当他们是穆斯林时，这些村庄信仰伊斯兰教。然而，被招募来清理密林和种植水稻的当地人，在参与土地开垦之前，往往既不是印度教徒，也不是穆斯林。相反，他们信仰当地或部落的神灵，而这些神灵与其他任何有文化的宗教传统都没有联系。村庄创业者精神所引发的大规模改信宗教的结果是，尽管东孟加拉相对较晚才并入莫卧儿帝国，而且那里的穆斯林学者和清真寺也相对较少，但这个地区已成为穆斯林的主要聚居地。

　　尽管伊顿表明这种改信宗教与农业发展之间的联系，可能是经济发展的产物，表现为在森林里采集向水稻种植的转型、目不识丁向有文化的宗教传统的转型，但是村庄的规模在转型过程中可能是一个同样重要的因素。在马尔科姆·格拉德威尔（Malcolm Gladwell）的《临界点》（*The Tipping Point*）一书中，作者列举了各种各样的例子，指出当一个群体的人口不超过150人时，群体内部观点的一致性和高效的互动最容易出现。[20] 用这一结论再来审视东孟加拉的问题，人们可能想知道，土地开发的规模，即小规模的农业村庄本身，是否导致了后来穆斯林或印度教徒社会和宗教观点的均质性。在这样一个小群体内，可能既没有宗教多样性的容身之处，也没有对宗教多样性的容

61

忍空间。这就可以解释为什么创业者的宗教信仰决定了村庄的宗教信仰。相比之下，人口更多的城镇地区更容易保留或维持宗教多样性。

我只是猜测，东孟加拉种植水稻的新建村庄的平均规模，大致应该在格拉德威尔指出的范围内。但对伊朗来说，即使是在 20 世纪 50 年代，150 人的规模也基本接近一个村庄的平均规模——这是有原因的。[21] 在坎儿井灌溉的村庄，地下暗渠的水流量严格限制了可耕种土地的面积，因此也限制了可生产的粮食数量。弹性的缺乏意味着人口的自然增长需要建造新村庄或向城市迁移。因此，在 9 世纪（伊斯兰历 3 世纪）创建种植棉花村庄的穆斯林创业者，似乎与伊顿描述的东孟加拉农村创业者的作用类似。也就是说，如果库姆地区一个新的 *fulanabad* 式村庄的创建者恰巧是一个穆斯林（基本上有 80% 的村庄是这样），那么在招募工人的时候，他将要求这些工人成为穆斯林，或通过小群体内部固有的社会压力，来阻止他们继续信仰之前的宗教。

62   这种东孟加拉式的转型机制，将直接把伊朗穆斯林人口的增长与棉花种植联系起来，并有助于解释为什么伊朗的转型速度（尤其是在出现城市化的地区）似乎比阿拉伯人在 7 世纪（伊斯兰历 1 世纪）征服的其他省份更快。[22] 它将为伊斯兰教在阿拉伯统治和驻军据点周围的乡村的进一步传播提供经济动力，因为这些据点正在演变为地区性销售和制造中心。最后，这还将有助于解释为什么非伊斯兰信仰在伊朗一些不太适合棉花种植的地区持续存在，比如伊朗北部和西部的厄尔布士山脉（Alborz）和扎格罗斯山脉（Zagros）地区，以及伊朗最南部炎热、缺水的地区。

这些假设无法直接得到证实，但"生产队"制度为它们提供了一些可信度。正如贾瓦德·萨菲内贾德前面提到的，伊朗地理学家证明了"生产队"即 boneb 的村庄组织系统，几乎完全与伊朗坎儿井灌溉地区重合。他将自己作品的主题称为 boneb，因为这是现今在伊朗德黑兰地区使用的概念。但他注意到，在伊朗的其他地区也有了其他概念。其中一个概念是 sahra'，主要在呼罗珊地区使用，那里是早期伊斯兰棉花热潮的中心。[23]

人们很可能会问，对一个在 20 世纪（伊斯兰历 14 世纪）得到证实、可以追溯到《库姆编年史》等早期伊斯兰文献的技术概念进行考据是否有意义。但即便从字面上看，sahra' 这个概念也非常古老。这个概念在英语中更常见的拼写是"sahara"，这是阿拉伯语"荒漠"的意思，而呼罗珊地区已经有 1000 多年不使用阿拉伯语了。此外，波斯语专门有"biyaban"一词表示荒漠，其字面意思是"没有水的地方"，所以在这方面几乎不需要从阿拉伯语中借用。因此，使用 sahra' 来表示"生产队"，似乎更有可能是在阿拉伯影响非常大的时期。

如果事实真是如此，那么我们认为 *sahra'* 这个词与库姆税收计划中的 10 个征税区有关，其地名都是 *sahra-ye fulan* 的形式，意思是"某某的'荒漠'"，这点在前一章曾简单提到过。在这 10 个征税区中，有 9 个的 *fulan* 都是阿拉伯语穆斯林的名字。如果按照 *sahra'* 这个词的字面意思来理解，那么这些"荒漠"都是以穆斯林命名的情况是绝对反常的。正如我们所见，在库姆附近唯一可以被明确认定为穆斯林的其他类型地名是 *bagh-e fulan*，意思的"某某的园林"，25 个这样的名字中有 19 个是穆斯林。此外，*fulanabad* 式村庄在 10 个名字中有 8 个都是以穆斯林命名的。在这两个对比案例中，我们发现名称可能与坎儿井灌溉有关。此外，*biyaban-e fulan*（相当于波斯语的 *sahra-ye fulan*）式的名字从来没有出现在地名中。

sahra' 这个词出现在库姆的地名中，可能指的是一块特定的"荒漠"（即通过挖掘坎儿井使一块干旱荒地变得可以耕种）。因此，*sahra-ye fulan* 与更常见的 *fulanabad* 的意思相同。此外，将外来的"荒漠"一词变成"可耕种土地"的意思，提供了一条合理的途径，让这个词在现代波斯语中表示"田地"，在呼罗珊省表示"生产队"。

如果在公元 9 世纪（伊斯兰历 3 世纪）就已经存在这样的生产队，这将有助于解释新建棉花种植村庄的创业者们是如何招募劳动力的。即便是坎儿井的所有者在他的村庄定居，也要至少在名义上接受了伊斯兰教，而加入一个生产队，可以保证人们从一种高度适销的作物中获得固定份额的收益，这可能是生产队非常吸引人的地方。

对伊朗高原在阿拉伯征服后头三个世纪如何发展的粗线条叙述，将总结以上两章的论点，并为讨论棉花大繁荣在 11 世纪（伊斯兰历 5 世纪）的衰落做铺垫。在阿拉伯征服之后，伊朗社会的经济基础仍然是农村和农业。dihqans 即在战争中幸存下来的贵族地主，他们继续保持在农村的地位，也继续维持当地的秩序和安全。和以前一样，他们的生计依靠自己拥有或有权拥有的谷物种植村庄的生产剩余。他们中的一些人还帮助新阿拉伯帝国政府收税。

到 9 世纪（伊斯兰历 3 世纪）初，在来自伊拉克的军事征伐和阿拉伯设立驻军引发的 150 年动荡时期之后，包括具有棉花种植知识的、有影响力的也门家庭在内的阿拉伯穆斯林，开始向新方向发展经济。一小部分非阿拉伯改信伊斯兰教者也加入了这一行列。这些穆斯林创业者有丰富的经济来源，包括战利品，当地税收收入，从萨珊王室、高级贵族和琐罗亚斯德教

64

的火神庙中缴获的财宝重铸的铸币。但在大多数情况下，他们没有自己的农田。

　　表面上基于先知言论的伊斯兰教法，使穆斯林有可能通过开垦无主荒地，从而获得土地的完全所有权。伊朗为此提供了独特的机会，因为当地的坎儿井技术可以灌溉环绕在高原内部整个山麓地区的荒漠土地。但是，建造坎儿井的成本很高，这使得种植小麦和大麦变得不经济，而小麦和大麦是萨珊王朝时期的主要作物。因此，在新开垦的耕地上建造坎儿井的创业者和创建村庄的人转向夏季种植，因为全年的灌溉水源为他们提供了竞争优势。他们的首选作物就是棉花，因为棉花不能种植在完全依赖冬季降水的土地上，也不能在极度干旱的夏季种植。

　　棉花完全符合穆斯林想要使自己的统治与众不同的努力。一场竞争在两种生活方式之间展开了，一种是过去萨珊精英们喜欢的生活方式，另一种是少数阿拉伯入侵者及改信伊斯兰教的盟友们喜欢的生活方式。穆斯林提倡穿纯白色的衣服，有时也会穿彩色或条纹的衣服。这是一种基于阿拉伯传统的偏好，既可以追溯到穆罕默德时代，也有一定可能是在征服之后，他们希望以此来证明穆斯林和非穆斯林之间生活方式的区别。

　　尽管如此，萨珊王朝时期对带有人物图案的丝绸织锦的偏爱仍然有巨大的吸引力，这可以从属于精英阶层的阿拉伯帝国宫廷奢侈消费和平民阶层的尼沙布尔浅黄色陶器上的图案看出来。尽管剪裁方法还没有被详细讨论过，但这也成了审美竞争的一个领域。阿拉伯人喜欢披着宽松的衣服而不是贴身的衣服，包括礼服、大袍、特本、头巾等。与之竞争的萨珊时期服装类型主要有紧身衣、短披风和宽松的裤子。

65

以虔诚或宗教知识闻名的穆斯林精英积极发展夏季棉花种植。这点从四个伊朗城市的乌理玛职业名称的比较，以及哈伊姆·科恩对中世纪穆斯林宗教精英的研究中可以明显看出，科恩的研究依据的是地理上不受限制的史料汇编。专门从事棉花贸易的伊朗乌理玛的比例几乎是其他被调查地区所有纺织品贸易商总和的两倍。种植棉花和销售棉布成为乌理玛生活的一部分，他们通过宗教上宣扬穿丝绸是罪恶来支持棉花贸易。直到今天，纯白色、黑色或棕色的棉质长袍和头巾构成了伊朗乌理玛的标准服装。

很有可能的是，穆斯林的棉花创业者坚持，在他们创建的村庄定居的农民，至少在名义上应该信仰伊斯兰教。他们有钱吸引劳动力离开原有的村庄，加入新村庄的生产队。新作物的盈利能力可能使劳动力确信他们将享有更高的生活水平。对许多人来说，宣称自己是穆斯林群体的一员可能不是什么大事，因为那时他们对伊斯兰教的了解还很少。此外，如果琐罗亚斯德教的土地所有者有一项传统的权利，甚至是一项由琐罗亚斯德教教法批准的权利，可以要求被新棉花经济吸引走的工人返回他们以前的村庄，要是遇上这些工人改信伊斯兰教，即便只是名义上的改变信仰，也会使这种权利难以执行。

依靠这种方式，棉花产业促进了伊斯兰教在靠近阿拉伯主要统治和驻军中心的农村地区迅速传播。在 9 世纪（伊斯兰历 3 世纪）和 10 世纪（伊斯兰历 4 世纪）早期，这些中心发展为成熟的城市，这是世界历史中最引人注目的城市化时期之一。棉花是伊朗为了向其他地区（主要是伊拉克）大规模出口而生产和制造的第一种主要商品，是推动城市化进程的主要动力。伊朗和伊拉克穆斯林群体的转型引发的服饰潮流，为国内消费和出口贸易提供了一个更广大的市场，从而为包括许多宗教学者在内的棉花创业家带来了巨大财富。对棉花征收的高税率可以证实这一点。

伊斯法罕的一则轶事反映了那时人们的一种假设，即一名携带着大量衣物的商队成员与一名搜集圣训的宗教学者可能难以分辨。一位著名的圣训学者的孙子和他的叔叔一起行进在去尼沙布尔的路上。当他们停在一口井边时，叔父回忆起，在早先的一次旅行中，他在同一口井边停下时，遇到了一位赶骆驼的老者。赶骆驼的人为他讲述了如下的故事：

我和我父亲同乘一辆从呼罗珊来的大篷车到了这地方，看到有四十包骆驼驮运的货物在那里。我们以为那是织好的布匹。我们还看到有一个小帐篷，里面住着一位老人（*shaikh*）。（事实上，他是你的父亲。）我们中的一些人向他询问货物的情况，他说："这种商品（在那些包中）在如今这个时代非常罕见。这是先知使者的圣训，愿祈祷与和平降临到他身上。"[24]

棉花大繁荣对伊朗全国各地的影响并不平衡。由于炎热的温度、缺水或多山的地形，一些不太适合棉花生产的地区失去了它们在前伊斯兰时期的突出地位。取而代之的呼罗珊、里海东南角的平原、扎格罗斯山脉和厄尔布士山脉的内陆坡地，则变得更加繁荣并发展出蓬勃的城市文化。这些地区至今仍是最适合种植棉花的地区。伊斯法罕、雷伊、尼沙布尔和梅尔夫（当时是呼罗珊的一部分）人口激增，并与高原以外的地区发展了广泛的贸易关系。布哈拉和撒马尔罕享有同样的地位，但在前伊斯兰时期，它们就已经是重要城市和地方公国的首都。他们早先以丝绸闻名，现在棉花则是他们的主要出口产品。

关于这点的一个例子，是比利时休伊圣母院学院教堂（the collegiate church of Notre-Dame de Huy）有一块很大的前伊斯兰时期的丝绸。丝绸背面的粟特文将这种织物命名为 *zandanichi*，

意思是"来自赞达纳村（Zandana）"。在 10 世纪（伊斯兰历

67   4 世纪），布哈拉附近的这个小镇仍在生产精美的纺织品，但
zandaniji 这个词在当时指的是棉花，而不是丝绸。一位布哈
拉当地的历史学家告诉我们，这种纺织品贸易分布的范围是
多么广泛：

> 这个地方的特产是 *Zandaniji*，这是一种产自赞丹纳
> （Zandana）的（棉）布（*karbas*）。这是一种很好的布料，
> 而且可以大量生产。布哈拉的其他村庄也生产很多这样的
> 布，但它们也被称为 *Zandaniji*，因为它最初产自赞丹村。
> 这种布料出口到伊拉克、法尔斯、起尔曼（Kirman）、印
> 度（Hindustan）等地区。所有的贵族和统治者都用它做衣
> 服，他们买这种布的价钱和买（丝绸）锦缎（*diba*）的价
> 钱一样。[25]

将这种粗线条的叙述延续到 10 世纪（伊斯兰历 4 世纪），
将使我们的讨论超出目前所呈现的量化研究资料，但它将为下
两章讨论气候变化奠定基础。有两方面的变化具有特别重要的
意义。

第一，如前文所述，小麦和大麦的税率从 9 世纪（伊斯兰
历 3 世纪）初到 9 世纪末直线下降，至少在库姆和哈马丹地区是

如此。因为没有任何证据表明伊朗总人口在穆斯林统治下的头一个半世纪里出现大幅增长，这段时间伊朗国内出现了多次军事行动以及大面积社会和经济混乱，故而棉花和改信伊斯兰教的结合导致从事粮食生产的农村劳动力的减少。与此同时，从9世纪（伊斯兰历3世纪）中期到10世纪（伊斯兰历4世纪）早期，伊朗城市化程度显著增加。无论诸多促进城市发展的复杂因素究竟都是什么（改信伊斯兰教及生产并出口棉花当然是两个重要因素），来自农村的移民肯定已经使农业劳动力进一步枯竭。因此，降低小麦和大麦的税率似乎反映出在10世纪（伊斯兰历4世纪），人们日益认识到，伊朗某些高度城市化的地区正在面临粮食危机。

第二，在10世纪（伊斯兰历4世纪），由于尚未改信伊斯兰教的伊朗人和伊拉克人越来越少，棉花产业也就不那么兴盛了。此外，萨珊时期的服装审美开始回归。后期改信伊斯兰教的人们有着更保守的审美品味，而且更有可能是过去的土地所有阶级 *dihqans* 以及他们的家属，据此可合理地认为他们更偏爱过去的萨珊审美。阿拉伯人在伊朗社会的全盛时期已经结束，穿得像个阿拉伯人已经不再像以前那样有吸引力了。有着阿拉伯文字装饰却从未有波斯文字装饰的纯白色陶器逐渐消失，取而代之的是源于萨珊王朝银器的、以狩猎和宴会场景为主题的浅黄色陶器越来越受欢迎。此外，进口的丝绸和戈尔干等地出

68

产的丝绸也重新获得了声望（在最高的统治阶层，它从未真正失去过声望），只留下了棉质素色的白色长袍作为乌理玛的装束，以及 *karbas* 作为死者的裹尸布。

注释

1. 表2.1中的数据来自以下几部传记辞典：伊斯法罕—Abu Nu ‘aim al-Isfahani, *Kitab dhikr akhbar Isbahan*, ed. S. Dedering (Leiden: E. J. Brill, 1931), 34, 2 v；尼沙布尔—Al-Hakim al-Naisaburi, "Ta ‘rikh Naisabur," 其原稿影印件收录于 Richard N. Frye ed., *The Histories of Nishapur* (Cambridge, MA: Harvard University Press, 1965)；加兹温—‘abd al-Rahim al-Qazvini, *Al-Tadwin fi akhbar Qazvin* (Beisut: Dar al-Kutub al- ‘Ilmiya, 1987), 5 v；戈尔干—Hamza al-Sahmi, *Ta'rikh Jurjan aw kitab ma‘rifa ‘ulama’ ahl Jurjan* (Hyderabad: Osmania Oriental Publications Bureau, 1967)；巴格达—al-Khatib al-Baghdadi, *Ta'rikh Baghdad* (Beirut: Dar al-Kitab al ‘Arabi, [nd]), 14 v。

2. Sam Isaac Gelens, "Scholars and Travelers: The Social History of Early Muslim Egypt, 218-487/833-1094," 未出版博士论文，Columbia University, 1986, 70-71, 145。

3. 这个比例存在一定的模糊。在阿拉伯语中*Bazzaz*和*Bazzar*两个词仅在末尾字母上的点有所区别。*Bazzar*一词可以表示亚麻籽油商人。还有可能在《巴格达编年史》（ Ta' rikh Baghdad ）抄写或印刷的时候出现了错误。因为在这本十四卷汇编中的前三卷包含了10个以上的 *Bazzar*一词，而剩下的几卷中只有零星几处。似乎编纂者改变了想法，他们不知道尾字母缺少一个点究竟表示另外一种商品贸易，还是仅仅只是抄写中的疏漏。表2.1中*Bazzaz*和*Bazzar*两词加在一起总共有258个。如果这两个词分别表示不同的贸易，那么这个比例应该是4比1而不是5比1。

4. 详见根据开罗犹太教堂文书（Cairo Geniza）中保存信函开展的研究，该研究分析了犹太商人的活动。这些信函都是公元9世纪（伊斯兰历3世纪）末之前的珍贵手稿，展现了埃及和叙利亚之间密切的贸易联系，但从中很难见到叙利亚和伊拉克或伊朗之间的贸易。Jessica Goldberg, *"Geographies of Trade and Traders in the Mediterranean in the Eleventh Century: A Study Based on Documents from the Cairo Geniza,"* 未出版博士论文，Columbia University, 2006。

5. Mazzaoui, *The Italian Cotton Industry in the Later Middle Ages, 1100—1600* (Cambridge: Cambridge University Press, 1981), 17.

6. Robert Serjeant, *Islamic Textiles* (Beirut: Librairie du Liban, 1972).

7. Liu Xinru, *Silk and Religion: An Exploration of Material Life and the Thought of People, AD 600-1200* (Delhi: Oxford University Press, 1996), 156.

8. A. S. Tritton, *The Caliphs and Their Non-Muslim Subjects: A Critical Study of the Covenant of 'Umar* (London: H. Milford, Oxford University Press, 1930).

9. Mas 'udi, *The Meadows of Gold*, 转引自Liu, *Silk*, 135。

10. Abu Muhammad Ja 'far b. Jarir al-Tabari, *The Reign of Mu 'tasim (833-842),* tr. Elma Marin (New Haven: American Oriental Society, 1951), 116.

11. 已知最早的伊斯兰纺织品是一件突尼斯的*tiraz*，这件纺织品的时代属于马尔万一世（Marwan I）短暂统治的时期（公元684—685年/伊斯兰历64—65年）。然而，这件纺织品的出现早于锦缎和朴素棉/亚麻纺织品之间的竞争，圣训中之所以会提到手指宽度，是因为丝绸刺绣一般都出现在具有典型绸缎设计的纺织物上。F. E. Day, "The Tiraz Silk of Marwan" in G. C. Miles, ed., *Archaeologica Orientalia in Memoriam Ernst Herzfeld* (Locust Valley, NY: J. J. Augustin, 1952), 39-61 and Plate VI.

12. Liu, *Silk*, 141-49. 马佐维根据棉花产业的背景，对*tiraz*进行了更现实的评估。见*Italian Cotton Industry,* 21-22.

13. 包括器皿上的文字翻译在内的几十个例子，见ʻAbd Allah Quchani, *Katibah'ha-yi sufal-i Nishabur* (Tehran: Muzah-i Riza ʻAbbasi, 1986)。

14. Esin Atil, *Freer Gallery of Art Fiftieth Anniversary Exhibition*, vol.3, *Ceramics from the World of Islam* (Washington, DC: Smithsonian Institution, 1973), 26-29.

15. Charles K. Wilkinson, *Nishapur: Pottery of the Early Islamic Period* (New York: The Metropolitan Museum of Art. [nd]), 3-7.

16. Richard W. Bulliet, "Pottery Styles and Social Status in Medieval Khurasan," in A. Bernard Knapp, ed., *Archaeology, Annales, and Ethnohistory*, 74-82.

17. 棉花革命最终影响了琐罗亚斯德教的习俗。"在当代，人死后的尸体被水清洗作为净化，然后穿上白色的寿衣，被裹在白色棉质裹尸布中下葬。"（与詹姆希德·K. 乔克西 [Jamsheed K. Choksy] 的访谈。）关于琐罗亚斯德教葬俗，见Jamsheed K. Choksy, "Aging, Death, and the Afterlife in Zoroastrianism," in *How Different Religions View Death and Afterlife*, 2nd ed., C. J. Johnson and M. G. McGee, eds.

(Philadelphia: Charles Press, 1998), 246-263。

18. 在早期伊斯兰时期，*karbas*的准确意义是不清楚的，但是18世纪的
一个伊朗纺织品研究专家曾表示："*karbas*是供每个村庄的家庭使用的
（一种）质地疏松、质量不一的白色粗棉布。穷人用它来做各种衣
服，中产阶级用它来做衣服衬里……它还被用作帐篷的材料……"
Willem Floor, "Economy and Society: Fibers, Fabrics, Factories," in
*Woven from the Soul, Spun from the Heart: Textile Arts of Safavid and
Qajar Iran 16th-19th Centuries*, Carol Bier, ed. (Washington, DC: The
Textile Museum, 1987), 26.

19. Richard Eaton, *The Rise of Islam and the Bengal Frontier, 1204—1760*
(Berkeley: University of California Press, rpt 1996).

20. Malcolm Gladwell, *The Tipping Point: How Little Things Can Make a Big
Difference* (New York: Little, Brown and Company, 2000), ch.5.

21. J. Behnam, "Population," in *The Cambridge History of Iran*, vol.
(Cambridge: Cambridge University Press, 1968), 479.

22. 关于各地区间改信伊斯兰教的比例问题，见Bulliet, Conversion, ch.
7-10。

23. Safinezhad, *Boneh*, 143-155. 其中专门讨论了sahra' 在呼罗珊的托尔巴
特贾姆（Torbat-e Jam）地区的作用。

24. Abu Nu'aim, *Akhbar Isbahan*, vol. I, 37.感谢侯赛因·卡马利（Hossein
Kamaly）为我介绍了这则轶事。

25. 引自Etienne de la Vaissiere, *Sogdian Traders: A History*, James Ward tr.
(Leiden: Brill, 2005), 239。在这一段中，*karbas*用来表示细布的用法
不同于其他表示粗布的用法。

大寒流

在《世界历史中的突厥人》(*The Turks in World History*) 一书中，卡特·芬德利 (Carter Findley) 概述了突厥－蒙古草原区的地理特征，并做了下述明智的评论："在描述这些环境与推进到环境决定论之间，只差微小而鲁莽的几步。"[1] 当我们转向气候变化的话题时，应当留意可以向他警告的方向推进多远。

我的论点是，伊朗在 10 世纪（伊斯兰历 4 世纪）上半叶经历了一次显著的寒冷期，随后在 11 世纪（伊斯兰历 5 世纪）和 12 世纪（伊斯兰历 6 世纪）初，气候一直处于长期偏冷状态。较冷的天气不仅影响了伊朗，而且影响了中亚、南至巴格达的美索不达米亚、安纳托利亚和俄罗斯。我会首先展示这种气候变化的证据。然后，我们将通过探索更具推测性的、更确切的明显转冷的影响，谨慎地循着决定论的思路推进。更具推测性的论点将假想的"大寒流"与伊朗高原北部地区农业和人口的总体下降联

系在一起，包括棉花大繁荣的实质性结束。造成这种推测的原因
是，在中国北方等可能也受到影响的地方，科学证据与气候事件
之间缺乏一致的相关性，缺乏（尽管并非完全缺失）与之对应的
强有力的传闻性证据证实 12 世纪（伊斯兰历 6 世纪）初是最冷
的年代。

至于寒冷期的更确定影响，涉及乌古斯（Oghuz）突厥人迁
徙到伊朗东北部，乌古斯人在阿拉伯语中称为 Ghuzz，史料中
通常称为 Turkoman。11 世纪（伊斯兰历 5 世纪）上半叶前两次
部落迁徙有关的文本、地理和生物学资料，跟此类事件及恶劣
天气传闻性证据的呼应，与严密的科学证据联系得太紧密，以
至于不能认为只是偶然。

70

　　926 年（伊斯兰历 313 年）1 月底，巴格达降了大雪。
此前已连续六天严寒。降雪之后寒冷尤甚，达到了前所未
有的地步，以至于巴格达及周围地区的大多数枣椰树都冻
死了，无花果和柑橘树也枯萎而死。酒、玫瑰水和醋冻住
了。巴格达一带的底格里斯河两岸结冰，安巴尔（与巴格
达同纬度）一带的幼发拉底河大体结冰，在摩苏尔（巴格
达向北 200 英里处），底格里斯河完全结冰以至于驮畜可
以走过。一位名叫阿布·兹克拉（Abu Zikra）的诵圣训者
（hadith reciter）在河中央的冰上集结了一群学生，他们聆听

了他的讲颂。然后，南风和大雨使寒冷退却。[2]

1007 年（伊斯兰历 398 年）11 月 24 日，巴格达降雪。一些地方积雪深达到一腕尺（*dhira'*），另一些地方积雪深达一点五腕尺。（*dhira'* 是一种长度单位，等于手肘到指尖的平均距离。）积雪留在地上两个星期没有融化。人们将雪从屋顶铲入街巷和车道。然后雪开始融化，但是残雪在某些地方保留了将近二十天。降雪扩大到提克里特（巴格达向北 80 英里处），从瓦西特（巴格达向南 100 英里处）来的信件提到了巴提哈与巴士拉之间，以及库法、阿巴丹和马鲁班的降雪。[3]

12 世纪（伊斯兰历 6 世纪）的教士伊本·贾兹（Ibn al-Jawzi）（卒于 1200 年，伊斯兰历 596 年）在他基于巴格达的编年史《诸国王与国家历史汇编》（*Al-Muntazam fi Ta'rikh al-Muluk wa'l-Umam*）中也这样记载，该书的出版部分始于 871 年（伊斯兰历 257 年）。这些降雪相距八十年，但并不是唯一的一次降雪。伊本·贾兹对冬季寒冷不那么生动的描述将在本章稍后详细介绍。然而，他仅有的一则极寒的故事可以追溯到 920 年（伊斯兰历 308 年）之前的半个世纪。在那一天，他提及了以下内容："今年 7 月，空气太冷以至于人们从屋顶上下来，用毯子包裹住自己。然后在冬季，严寒破坏了枣树和林木，并且

71

下了很多雪。"⁴ 在那一年之前，伊本·贾兹报告的最近的严冬天气是在 904 年（伊斯兰历 291 年）1 月，当时有一天从中午到晚上一直在降雪。⁵ 换言之，在 920 年（伊斯兰历 308 年）寒冬之前编年史所记载的半个世纪中，而且也许在此之前的数十年中，巴格达的严寒是那样罕见，以至于在 1 月份有过一场持续五小时的阵雪就足够成为值得保留在历史记忆中的事迹。

现今假如在巴格达发生持续五个小时的阵雪，那会和在 904 年（伊斯兰历 291 年）一样令人震惊而难忘。至于按 1007 年（伊斯兰历 398 年）的记载，11 月的一场暴风雪使整个城市覆盖两英尺的积雪并在地面上积留超过两周，这从气象学上来说是难以想象的。从 1888 年至 1980 年每个月份温度的现代天气数据显示，11 月巴格达的日均温为 63 华氏度①。12 月的日均温为 52 华氏度。一年中最冷的 1 月，日均温为 49 华氏度。这些均温同时包括了每天的高温和低温，表明当今的气候条件下巴格达几乎不可能出现显著的、持续时间很长的降雪。即使在某个寒冷的夜晚下了雪，第二天早晨雪也会融化，冻死于 926 年（伊斯兰历 313 年）的橙树和无花果树能够挺过短暂的寒冷。

当然，谨慎的历史学家必须考虑一种可能性，即伊本·贾

---

① 约为17.2摄氏度。两种温标之间的换算公式为摄氏度＝（华氏度−32）÷1.8。——编者注

兹的报告不过是一部瞎编乱造的历史书。他是在 12 世纪（伊斯兰历 6 世纪）后期报告这些发生在 200 多年前的气候事件。他显然依赖早先的那些作家，而他们的作品今已亡佚。伊本·贾兹对恶劣天气的记载能准确反映气候事件的严重程度吗？他是否保留了他所见的史料中提到的每一次霜冻和降雪？我们无从知晓。他是否将恶劣天气的记载用于象征目的，如暗示气象异常与天下骚乱不安时代之间的联系？也许不是。他记载的恶劣天气与政治或宗教领域的灾祸没有任何明显的契合。此外，尽管是二手资料，但他的报告保留了最初一定是亲身观察所得的特色。尤其具有说服力的是他在不止一份报告中提到不同液体的冻结冰点，因为这反映了在温度计出现之前对液体冻结冰点温度差异的认识。现今，醋通常在 28 华氏度下冻结，葡萄酒则是 15 华氏度。玫瑰水的冰点变化更大，由于存在动物尿液，冰点会变化，就像盐水一样随溶质的量而变化。

与伊本·贾兹同时代的巴格达居民在阅读他关于暴风雪的记载时可能会产生与今人一样的困惑，因为我们要描述的"大寒流"到 12 世纪（伊斯兰历 6 世纪）中叶肯定已经结束了。具有这种效果的比较证据来自历史学家伊本·富瓦提（Ibn al-Fuwati）（卒于 1323 年，伊斯兰历 723 年），他编写了一部巴格达的编年史，涵盖 1228—1299 年（伊斯兰历 625—698 年）。他的作品提供检验伊本·贾兹记载真实性的机会。在这七十年中，伊本·富瓦提记录了底格里斯河或幼发拉底河发生的八次异常洪水。[6] 这使他对重要自然现象的观察（对临河建城的巴格达而言没有什么比一场灾难性的洪水更具破坏性）可以与伊本·贾兹的说法相契合，后者提到在总体而言比他的编年史涵盖的时段更长的时间内大约每五十年发生五次异常洪水。然而，伊本·富瓦提仅仅提到一个寒冬，没有提到暴风雪，也没有记载人们骑马穿越冰冻的底格里斯河。

当然，偶然保存在编年史中的天气情况并不被认为是一种趋势。将这样的记载联系成一种气候变化形势，需要的是一种可以对 926 年（伊斯兰历 313 年）严寒霜冻和 1007 年（伊斯兰历 398 年）暴风雪进行解释的背景。哥伦比亚大学拉蒙特·多尔蒂地球观测站（Lamont-Doherty Earth Observatory）树轮实验室的一个小组在 1999 年（伊斯兰历 1419 年）完成的实地调研提供了这种背景。[7] 对来自蒙古西部索隆戈廷达坂（Solongotyn Davaa）的古木年轮厚度进行的分析，表明前几章所述的伊朗棉花繁荣发生在显著的温暖时期，该时段不包含大约在 920 年（伊斯兰历 307 年）至 943 年（伊斯兰历 331 年）之间的寒冷时期。之后，在 11 世纪（伊斯兰历 5 世纪）初，气温显著下降，到该

世纪末，一直保持着较低水平。此后寒冷期一直持续到 12 世纪
（伊斯兰历 6 世纪）。尽管拉蒙特·多尔蒂地球观测站的研究人
员将这些数据归为统计学层面可靠的数据，但他们的报告有一
个明显的缺陷：蒙古西部与伊朗距离太远。

　　将这些蒙古树轮与伊朗冬季天气联系起来的，是被称为西 　73
伯利亚高压的气象现象，它是一个巨大的、顺时针旋转的高压
旋涡（反气旋），每年冬天形成于环西藏高山以北的区域。西伯
利亚高压影响了从中国北方到俄罗斯的欧亚大陆冬季天气，尽
管由于遇到其他天气系统，这种影响在不同地区可能会有所不
同。在中东，西伯利亚高压将冷空气引入伊朗北部、美索不达
米亚和安纳托利亚。这种气象情势不仅会在冬季接触来自地中
海的潮湿西风时产生大量降雪，而且会阻挡西风而导致干旱和
严寒。

　　先前对这一时段的气候史研究没有讨论过中东北部可能向
较冷气候的持久转变，因此有必要探究一下它与被普遍接受的
历史之间有什么关联。当代有关全球变暖的争论引起了人们对
早期气候波动证据的关注，但这种关注偏向于进行全球或至少
半球规模的气候复原，而不是关注局部的区域性气候事件。过
去一百五十年前所未有的变暖趋势，被拿来与气候史学家称作
"中世纪温暖期"的现象相比照。这个温暖期的提出最初依据的
是欧洲数据。不同研究者的分析略有不同，不过中世纪温暖期

最早从 9 世纪（伊斯兰历 3 世纪）开始，一直延续到 13 世纪（伊斯兰历 7 世纪），之后气候逐渐恶化，最终进入小冰期。对这种降温趋势的断代有好几种看法，无疑到 1600 年（伊斯兰历 1008 年）已是小冰期[8]，但没有气候史学家将其上溯至巴格达飘雪的 1007 年（伊斯兰历 398 年）11 月。

气候史学家提出的问题超出了构建区域气候事实的范畴。考虑到某些气候周期的全球关联性，他们想知道中世纪温暖期和小冰期的影响有多广。如果它们的影响最终可以被证明是全球性的，哪怕只是半球性的，那么这一发现将关系到人类活动对世界气候具有周期性影响的一般假设。对如此广泛的相互联系的探索，促使气候学家们整合并比较了来自许多不同地区、不同种类的数据，给原先局部的、看似清晰的历史性理解带来一种复杂性，先前的理解是，温暖期之后是寒冷期，反之亦然。

在这里，我们的方法与这种分析趋势有所不同。至少与半球范围的推测相比，我们关注局部区域，涉及单一的天气系统：西伯利亚高压及其对中东北部的影响。而且仅仅依靠单一的科学指标即蒙古树轮。然而广义的中世纪温暖期假说对我们仍然很重要，因为我们的观点是，至少在受西伯利亚高压系统影响的某些地区，存在持续了一个世纪的寒冬，这显然与中世纪温暖期假说相矛盾。[9]在欧洲，中世纪温暖期的证据是广泛且有说服力的。除了纯粹的科学指标外，大量历史记录涉及维京人在冰岛和纽芬兰的定居点、英格兰修道院的葡萄酒生产，以及爱沙尼亚谷物种植扩大等事实。[10] 随着欧洲其他地区的数据积累，科学指标的多样性和复杂性不断提高，这个欧洲温暖期的普遍程度引起了人们的质疑。根据联合国政府间气候变化专门委员会 2001 年的报告：

> 当前的证据不支持在该时间段内全球范围的异常寒冷或温暖为同时发生，传统的"小冰期"和"中世纪温暖期"这些术语在描述过去几个世纪的半球或全球平均温度变化趋势方面显得作用有限……与"小冰期"一样，假定的"中世纪温暖期"没有那么明显，（气温）变动幅度更小，并且从半球尺度来看，其时间也不同于一般限定于欧洲的那个时间范围。[11]

2003 年威利·苏恩（Willie Soon）和莎莉·巴留纳斯（Sallie Baliunas）发表有关此争论的详尽评议时，也表达了类似的谨慎态度，但得出了不那么负面的结论："从许多地方发生的情况可以看出小冰期和中世纪温暖期都很普遍，尽管**难以精确划定时段，也非同步现象**……我们在各地所知的许多情形证实，中世纪的气候异常和小冰期的气候异常都是名副其实的。"[12]（强调为引者所加）

随着越来越多的数据分析所引起的质疑增多，我们的问题是，这种高度技术性的辩论是否应该构成我们研究伊斯兰早期伊朗气候数据的框架。一方面，如果中世纪温暖期确实是一种持续的半球现象，那么巴格达 926 年（伊斯兰历 313 年）的霜冻和 1007 年（伊斯兰历 398 年）的暴风雪，理应置于本应是创纪录温暖时代的中心来考察。因而，对那些看到伊本·贾兹的记载的历史学家而言，这完全是一种异常现象，就像维京时期冰岛的温暖气候一样令人震惊。的确，如果中世纪巴格达的历史学家是最先参与这场气候论战的人，那么他们很可能会推定一个"中世纪寒冷期"。另一方面，中世纪温暖期可能是"难以精确划定时段的，也非同步现象"，"没有那么明显，（气温）变动幅度更小，并且从半球尺度来看，其时间也不同于一般限定于欧洲的那个时间范围"。这种科学发现也许能为排除伊朗、美索不达米亚和安纳托利亚的反例提供讨论余地，并进一步提出这样的问题："为什么这些地区与 10—12 世纪（伊斯兰历 4—6 世纪）无可争议的北欧温暖期不同？"

第二组蒙古树轮提供了例证，可说明一般性气候指标会掩盖局部的天气波动。这组树轮来自塔尔巴哈台（Tarvagatay），蒙古国一处距离索隆戈廷达坂不远的山口。塔尔巴哈台树轮序列仅覆盖 450 年，而不像索隆戈廷达坂树轮数据一样长达 1700年；但是一项已发表的研究将这 450 年的数据与基于多种指标重构的北半球的总体温度进行了比较，正是这些指标引发的综合气候估算，导致了对中世纪温暖期和小冰期持续时间和影响范围的质疑。[13] 在 19 世纪 70 年代初期（伊斯兰历 13 世纪 80 年代末期），塔尔巴哈台和索隆戈廷达坂的数据均表明，突然出现了近似前所未有的寒冷。但是，来源多样的北半球总体气温曲线，却在从 1850 年（伊斯兰历 1266 年）起至 1890 年（伊斯兰历 1307 年）左右的较冷时段内显示总体气温稳定。但研究俄国、伊朗和奥斯曼帝国的历史学家会回想起，19 世纪 70 年代在受西伯利亚高压影响的广大地区有严重的荒年。[14] 那么，就与我们所关注地区实际经历天气的契合程度而言，蒙古树轮的数据远胜于假定的半球范围指标。

　　尽管对持续两年或三年的异常进行推断时必须谨慎，但异常不应被忽略。[15] 一个有启发性的例子来自 855 年（伊斯兰历 241 年），索隆戈廷达坂树轮的数据显示，在一系列温暖的年份中夹着另一个接近历史记录的低温极值。由于伊本·贾兹的编年史要到 871 年（伊斯兰历 257 年）才开始，因此我们一直在使用的巴格达天气时间线没有此年之前的信息。但是另一位编年史作家哈姆扎·伊斯法罕（Hamza al-Isfahani）创作于 961 年（伊斯兰历 349 年）的作品填补了这一空白：

77

　　　　855 年（伊斯兰历 241 年），突厥人的土地 [中亚] 吹

起了一股极寒的风，向萨拉赫（Sarakh）[位于呼罗珊]移
动。许多人患上了严重的寒疾。由于无法抵抗寒冷，他们
咳嗽、疼痛，最终死去。之后，风从萨拉赫转移到尼沙布
尔，到达雷伊（现代德黑兰）。然后，这股冷风移至哈马丹
和霍尔万[均在伊朗西部]。风分成两股，一股右转向萨马
拉[在巴格达以北的底格里斯河畔]方向移动，另一股寒风
到了巴格达城。许多人受其影响死去。最终，风到达了巴
士拉城[在波斯湾一端]，并在阿瓦士结束。[16]

蒙古树轮显示的极端寒冷期，中东北部发生严寒与饥荒，
这两个特定年份的联系（855 年，伊斯兰历 241 年；1870—1874
年，伊斯兰历 1286—1290 年）不能证明索隆戈廷达坂的数据总
能反映受西伯利亚高压影响地区西部所经历的天气。但它们促
使人们认为，涵盖 9—12 世纪（伊斯兰历 3—6 世纪）的较长趋
势也许能提供可靠的引导。理想状况下，该结论目前将被其他
一些精深的知识所支持，包括如何从树轮宽度推断气温变动，
气温波动的强度，以及西伯利亚高压向西延伸的部分受到另一
种叫做北大西洋涛动（the North Atlantic Oscillation）的气候现
象的影响。唉，对于这样一个极其复杂的话题，读者们将不得
不从其他渠道获取这种程度的复杂的专门知识。[17]

尽管蒙古树轮组设置了寒冷期的时序，但我们这里关注的

是，文字描述更好地反映了人们所经历的现实。巴格达一定是处于（西伯利亚高压）影响区域的边缘，而编年史家伊本·贾兹的言论为我们提供了有关异常天气的最佳信息。令人震撼的故事来自 1007 年（伊斯兰历 398 年）暴风雪之后的几十年，树轮资料显示冬天越来越冷：

1027 年（伊斯兰历 417 年）

在这一年，从 11 月直到 1 月是连续不断的、前所未有的寒冷期。在此期间，水一直冻结成冰，包括底格里斯河的河岸和宽阔的运河。至于水车和较小的水道，成了冷冻的固体。遭受这种困苦，许多人无法做事，也不能四处走动。[18]

78

1028 年（伊斯兰历 418 年）

4 月，冰雹袭击了卡特拉布尔（Qatrabbul）、努曼尼亚（al-Nu'maniyya）和尼罗（al-Nil）地区，影响了这些区域的作物。杀死了许多野生动物和家畜，据说有一块冰雹重达 2 拉特（ratl）或更多［约 2 磅］……11 月，一股冷风从西部吹来，寒冻一直持续到 1 月初。这远非正常。底格里斯河两岸封冻，醋、枣酒和动物的尿也一并冻结。我看到一处水车由于结冰停了下来，变得就像柱洞中的桩子。[19]

1029 年（伊斯兰历 419 年）

我们提到去年枣树由于寒冷和大风导致的情况。因此，今年除了进口的之外，其他的动物饲料很少。每 3 拉特（约 3 磅）需要 1 贾拉里第纳尔（*jalali dinar*，一种金币）。寒冷是如此强烈，以至于底格里斯河河岸冻结了，由于霜冻，贝都因人停滞在乌克巴拉（'Ukbara）不再迁徙。在巴格达，成千上万的枣椰树冻死。[20]

对巴格达的讨论到此为止，我们关注的是伊朗。如果记载中的巴格达严冬是西伯利亚高压将一股寒流从蒙古一路传来，那么应该有一些类似的故事说严寒来自伊朗。然而在这里，我们遇到了两个麻烦。首先，这一时期的伊朗编年史非常罕见。其次，与巴格达不同，伊朗北部的气候通常被称为"大陆性极端"气候，即夏季炎热而冬季寒冷。因此，一般的冬季和真正严寒的冬季之间的对比可能没有那么明显，也不那么值得记载，不像底格里斯河两岸的暴风雪那样。然而，一名来自巴格达的旅行家详细的旅行记录，哈姆扎·伊斯法罕的 10 世纪（伊斯兰历 4 世纪）编年史中的若干段落，以及阿布·法兹·贝哈齐（Abual-Fazl Bayhaqi）对 11 世纪（伊斯兰历 5 世纪）30 年代的历史记述，与伊本·贾兹所记载的严重情况是相仿的。

旅行家艾哈迈德·伊本·法德兰（Ahmad ibn Fadlan）曾受

命于哈里发穆克塔迪尔（Caliph al-Muqtadir），担任前往保加尔
突厥王使团的秘书，那时保加尔人生活在里海以北的伏尔加河
下游。[21] 使团于 921 年（伊斯兰历 309 年）7 月从巴格达出发，
结合伊本·贾兹的记载，正是在巴格达第一次严冬结束之后几
个月。使团沿着丝绸之路的主要路线，穿过扎格罗斯山脉和伊
朗北部，直抵布哈拉。他们从那里获知了冬季的严酷，于是返
回乌浒水（Oxus River，即现今的阿姆河 Amu Darya），然后乘船
向北驶向咸海，更确切地说是向着繁荣的花剌子模（Khwarazm）
绿洲前进，这是一片被沙漠环绕的区域，由乌浒水注入咸海的
三角洲灌溉形成。使团在那里停留了 4 个月，从 11 月到 2 月，
由于冬季严寒，他们无法继续前进。在那段时间里有 3 个月，
乌浒水"从头到尾"结冰，足以使马、骡子和二轮货车在上面
行驶，冰河仿佛一条高速公路。[22]

　　伊本·法德兰记述了那段时期的一件轶事，将在下一章不
同背景下重新进入我们的讨论。似乎有两个人带着十二峰骆驼
在灌木丛生的沼泽地里收集木材，但不知何故他们忘记带任何
工具来起火。他们在寒冷中过夜，醒来时发现所有的骆驼都冻
死了。根据他的个人观察，伊本·法德兰说："我看到天气是
那样寒冷，以至于市场和街道空荡荡的，假如一个人四处走
动，他不会遇到任何人。我曾经从公共浴场出来，当我走进
一间房子时，我注意到我的胡须冻成了一整块，直到我靠近火

（冰才化掉）。"²³ 3 月，使团在购买了一些"突厥骆驼"之后再次出发。然而，他们仍然遇到深达骆驼膝盖的积雪，天气是那样寒冷，以至于他们忘记了在花剌子模逗留期间所经历的严寒。²⁴

80　　伊本·法德兰来自巴格达，他可能无法明确表述他在花剌子模（今乌兹别克斯坦）经历的严寒是史无前例的，但他的故事的大意——尤其是对街道和市场空无一人的描述——显然暗示了似乎当地人也未见过这种恶劣的天气。相比之下，努库斯（Nukus）11 月份（伊本·法德兰使团到达时）的最低气温是 30.7 华氏度，3 月（使团离开时）气温为 30.6 华氏度。这两个月的最高气温分别是 50.4 华氏度和 51.1 华氏度。

如果伊本·法德兰的说法标志着 10 世纪（伊斯兰历 4 世纪）寒冷期的开始，那么哈姆扎·伊斯法罕则描述了寒冷天气即将结束："942 年（伊斯兰历 330 年）阿班月的第 20 天 [中秋] 在 [伊斯法罕] 城降下了前所未有的雪。"²⁵

943 年（伊斯兰历 331 年）新年（Nowruz）[春分] 的清晨，伊斯法罕的居民醒来时，看到了覆盖整个城市的大雪。积雪是如此之厚，以至于人们无法四处走动。以往春季从不下雪。降雪之后开始刮起强烈的寒风，新年伊始所有树木都严重损坏了。造成了如此大破坏的寒风之后向东部转移。（它的）破坏程度如此之重，以至于人们在那年没有收获果实。[26]

就始于 11 世纪初（伊斯兰历 4 世纪末）更长时段的寒冷，历史学家贝哈齐（Bayhaqi）有以下记载：

1035 年（伊斯兰历 426 年）

埃米尔（Amir）在 3 月（Rabi'I）12 日（1035 年 1 月 25 日）星期天离开尼沙布尔，沿着埃斯法拉宁（Esfarayen）的路去了戈尔干（Gorgan）。途中感觉天气特别寒冷，还有强风，特别是直到第纳尔·沙里（Dinar-e Sari）山谷的尽头。我们是在冬季最后一个月旅行的，我，Bu'l-Fazl，在骑马时感到非常寒冷，以至于到达山谷的尽头时，我觉得自己仿佛什么都没穿，哪怕除了脚我已经采取了所有防寒措施，加羽绒衬芯的长裤，赤狐皮衣，还有防雨外套。[27]

这可能被当作一般的夸大而被怀疑，但事实是，同年 10 月，贝哈齐描述了一支被击败的突厥军队从冰冻的乌浒水上撤退。对此，俄国著名的东方学家威廉·巴托尔德（Wilhelm Barthold）评论道："这个故事让人有些怀疑；疑点在于一支军队竟然早在十月份就可以越过冰冻的阿姆河。"[28]但是，这个时

81

间与前引伊本·法德兰的说法完全契合。

1037 年（伊斯兰历 429 年）

在我为这个伟大的王朝效力期间，我从未在加兹尼（Ghaznin）[在阿富汗喀布尔南部] 见过像今年那样冷的冬天。[29]

1038 年（伊斯兰历 430 年）

埃米尔于本月 19 日（1038 年 12 月 19 日）星期一从巴尔赫（Balkh）[阿富汗北部] 出发前往铁尔梅兹。他越过桥，在面对铁尔梅兹要塞的平原上扎营。我的主人陪同埃米尔参加了这次旅行，我随主人一同去了。那里非常寒冷，任何人都难以想到生平更冷的一天……那里的寒冷强到另一种程度，而且持续降雪。我军这次远征遭受的苦难比其他任何一次都多。[30]

其他报告集中在作物歉收和饥荒上。以下是贝哈齐著作中1040 年（伊斯兰历 431 年）1 月的记载，反映了刚刚提到的严冬之后的粮食状况：

尼沙布尔已经不是那个我过去熟悉的城市：它现在几

近废墟，只剩下居所和都市生活的遗迹。一人份的面包要卖 3 迪拉姆。有产者（kadkhodayan）不得不拆毁他们房子的屋顶并出售（木材）。许多人连同家人和孩子死于饥饿。不动产的价格暴跌……天气十分严酷，生活变得难以忍受。在尼沙布尔，这样一场饥荒甚至不会被回想起，因为许多人丧生，士兵和平民均是如此。我们回去后，一人份的面包在尼沙布尔已经变成了 13 迪拉姆，该城及其外围地区的大部分人死绝了……关于食物和饲料的情况变得如此严酷，以至于骆驼被远远地带到了达姆甘（Damghan），从那里带回来食物和饲料。不言而喻，土库曼人没有骚扰或徘徊在我们周围，因为他们自己也忙于生计，因为这种匮乏和饥荒已经蔓延到了各个地方。[31]

达姆甘距离尼沙布尔 250 英里，这表明作物歉收影响了全呼罗珊地区。在波斯新年（Nowruz）那一天，贝哈奇再次讲述了这个故事：

　　埃米尔将帐篷搭在高处，军队已按战斗阵型扎营，全副武装。他在喝酒，没有亲自与大部队一起同敌人对峙，而是在等待粮草供应。物价飙升到一人份面包要 13 迪拉姆的程度，却仍很稀缺；而大麦则无处可寻。他们洗劫了图

斯（Tus，在尼沙布尔以东 40 英里处）及其周围地区，并
且无论何人只要有一人份的谷物也被迫交出来……许多人
和牲畜因缺乏食物和饲料而丧命，因为显而易见的是，只
靠吃粗糙的野草和荆棘是难以存活多久的。[32]

到 5 月，新种的冬小麦和大麦应已接近收获，但饥荒仍在
继续：

8 日（Sha'ban）19 日 [5 月 5 日] 周六，埃米尔从那里
出发前往萨拉赫 [在伊朗－土库曼斯坦边界]。在我们到达
萨拉赫之前，无数的马匹死在路上，而所有人都因饥饿和
食物匮乏而深陷绝望。我们于 3 月 28 日 [5 月 14 日] 到达
那里。小镇看上去已晒焦，破败不堪，没有任何谷苗。居
民全部逃走了，平原和山脉看上去像烧过一样，一眼望去
没有任何植被。我军惊呆了。他们从远处拿来一些腐烂的
植物，这些植物先前被雨水冲刷并积留在周围平原上；他
们将水洒在上面，然后扔到坐骑面前。牲畜们会尝试一两
口，但随后它们抬起头发呆，直到死于饥饿。步兵们的状
态也好不了多少。[33]

无法确定寒冷天气和干旱对这两年作物歉收相对的影响程

度，但是上述这些并不是在严酷寒冬期间仅有的荒年。就在三年前的 1036 年（伊斯兰历 428 年），尼沙布尔以西贝哈齐地区的本地的历史学家伊本·丰杜克（Ibn Funduq）讲述了一场迫切需要从里海沿岸一个温暖得多的地区古尔干（Gorgan）进口食物的饥荒。[34] 他还记载称在接下来的七年中，从 1037 年（伊斯兰历 429 年）开始，由于当地城墙以外的地区停止了种植和收获，导致了粮食短缺。伊本·丰杜克的措辞可能会导致读者猜测，农村的不安定状况是导致长期收成不佳的主要问题，前引阿布·法兹·贝哈奇对 1037—1040 年间（伊斯兰历 429—431 年）寒冬和呼罗珊地区普遍歉收的详细描述，显然将贝哈奇的情况与更广泛的农业灾难联系了起来。

稍早时候在该地区发生的一场轻微的饥荒，在阿布·纳昔尔·穆罕默德·乌比（Abu Nasr Muhammad al-'Utbi）的《亚米尼书》（*Kitab-i Yamini*）中被过分夸大：

在 1011 年（伊斯兰历 401 年），总体而言在呼罗珊省，尤其是在尼沙布尔城，一场影响广泛的饥荒和可怕的、灾难性的物资匮乏发生了……这就是该地区灾难的严重程度；尼沙布尔有近 100000 人丧生，没人有空去清洗、入殓或埋葬他们，只是将尸体连同生前的衣物一起堆放在地上……有些人靠着吃牧草和干草苟延残喘，直到所有来自耕地的食物和作物（的供应）都被切断了。……在那段时期苏丹下达了命令，并向该王国的各省发出敕令，要求财政官和地方官员清空粮仓，把谷物分发给穷困可怜的人……那一年在相同的困境中结束了，直到 1012 年（伊斯兰历 402 年）农产品运抵，灾难的火焰才被扑灭，极端状况才得到补救。[35]

84　　　就像来自巴格达的天气预报一样，呼罗珊这些寒冬和饥荒的偶然记载不能被统合到一种完全融贯的气候变化叙述中。（如今我们能体会同样的不确定性，当一个暖冬之后出现一个寒冷的春季时，会引起我们对全球变暖事实的怀疑——直到我们查看科学数据。）但是，依据蒙古树轮绘制的气温曲线如此精密地反映了这些天气事件的时间，以至于可以谨慎地推定以下结论：

　　　1. 远离地中海的中东北部（例如伊朗北部、巴格达以北的美索不达米亚和安纳托利亚东部）在整个 9—10 世纪（伊斯兰历 3—4 世纪）经历了相对温暖的冬季，除了 920—943 年（伊斯兰历 308—331 年）骤然转冷的寒冷期。

　　　2. 一场更冷的寒冷期始于 11 世纪初（伊斯兰历 5 世纪），一直持续到 12 世纪（伊斯兰历 6 世纪）。

　　　3. 至少在这个寒冷期的早期，经常发生严重的饥荒。

搜寻大寒流的后几十年（1050—1130 年，伊斯兰历 441—524 年）的恶劣天气故事，结果显示它们相当少，尽管树轮分析显示气候持续寒冷。但是那些确实存在的记录显示了严寒对农业经济的深远影响。历史学家伊本·阿昔儿（Ibn al-Athir，1160—1233，伊斯兰历 554—630）的著作《全史》（*al-Kamil fi'l-Ta'rikh*），广泛地论述整个伊斯兰世界的政治史，很少涉及像天气这样的小问题。不过他对于 1098 年（伊斯兰历 492 年）这样写："在呼罗珊，物价急剧上涨，粮食价格变得不可思议。价格暴涨持续了两年。原因是寒冷的天气完全毁坏了农作物。之后，人们又遭受了疫病。很多人死去，甚至无法全部埋葬。"[36] 次年，他又报告说："伊拉克的物价变得不稳定。一大捆（kurr）小麦高达 70 第纳尔，有时甚至更高。没有下雨，河流也干涸了。[冬季是伊拉克和安纳托利亚的雨季，春季的融雪常会导致底格里斯河和幼发拉底河泛滥。] 死人如此之多，以至于无法将他们全部埋葬。"[37]

另一个证据来自著名的神学家加扎里（al-Ghazali）1106 年（伊斯兰历 500 年）给塞尔柱统治者桑贾尔苏丹（Sultan Sanjar）的一封信："对图斯 [加扎里的家乡在呼罗珊的尼沙布尔附近] 的人民要仁慈，他们遭受了巨大的不公正，谷物因寒冷和干旱而被毁，百年之木枯死于根部……如果您对他们有所求取，他们会全部逃亡并死在山上。"[38] 这封信的结尾句特别暗示，政府

85

在艰难时期的无能反应可能迫使农民脱离土地从而加剧灾难。

为什么 1050 年（伊斯兰历 441 年）以后关于极端低温、干旱、作物歉收和饥荒的记载比以前少了呢？从本书所论证的角度来看，最坏的可能性是蒙古树轮数据仅偶发地反映了中东北部的天气，如果没有具体的文本确证则不应予以采信。然而恰恰是在随后的几十年，（树轮数据）才显示出最低的气温，这也是寒冷天气袭击中国的时候（参见本章注释 9）。但是还有其他可能性。前面提到伊本·贾兹依赖早先的史书以记载极端天气，不过他随后的工作转而依赖另外的、不再关注天气现象的史书了。另一种情况是，由于天气事件往往因为违反预期而被人们记住，一旦人们习惯了寒冷的冬季，他们就不那么倾向于提起极端寒冷或大雪的具体事例。

一种更为严峻的解释是，涵盖寒冷期的编年史越来越多地记载游牧人的掠夺、城市的帮派冲突、农村的不安全状况以及最近几十年来塞尔柱统治家族成员之间的内战。如果这些事件在某种程度上是气候变化负面影响的结果，那么其间的天气细节可能就变得不那么值得记载了。在 920 年或 1007 年，史无前例的霜冻和降雪还曾是要闻。但随着时间流逝，大寒流带来的作物歉收、饥荒和政治动荡成为头条新闻。这一时期伊朗经历了许多艰难时刻。农地无收成（加扎里给桑贾尔苏丹的信表明了一个原因），游牧的生活方式占据了越来越多的土地。特别是在北部地

区，土地供养非农业生产性城市工人的能力已接近极限，城市
随之萎缩，受过教育的精英移居到中亚、印度、安纳托利亚或
阿拉伯地区。[39] 越来越少的资源加剧了相互争夺——尤其是在城
市中——加剧了各种社会无序状况，从逊尼派内教法学派之间
的致命派系斗争到激进的伊斯玛仪什叶派（Isma'ili Shi'ite）宗
派主义的兴起。但是，在探究大寒流的这些后果时，我们特别
应该看的是，棉花种植如何适应了从温暖到寒冬的转变。

　　蒙古树轮数据揭示出的大寒流，大致与伊朗棉花行业的显
著衰退相吻合。直到近代早期，棉花才作为具有重要经济意义
的纤维原料重新出现。当受到印度技术影响的印花织物开始流
行，伊朗北部的原棉大量出口到俄罗斯，主要发生在 19 世纪
（伊斯兰历 13 世纪）。[40] 这并不意味着棉花在大寒流之后没有恢
复。然而当棉花恢复种植时，更多是在伊朗南部种植而不是在
北部，其经济角色是地方性的而非跨区域性的。

　　安德烈·米奎尔（André Miquel）在其影响深远的、囊括整
个伊斯兰世界的《到 11 世纪中期为止的穆斯林世界人文地理》
（*La géographie humaine du monde musulman jusqu'au milieu du
11e siècle*）第一卷中，列举了四部公元 1000 年（伊斯兰历 390

年，在大寒流之前）成书的阿拉伯地理著作，这是他关于棉花种植和棉制品出口的主要参考资料。[41] 其中一半——41 份中有21 份——属于伊朗－阿富汗－中亚地区，其中三分之二专门涉及伊斯法罕以北的城市或省份。可以将米奎尔的表格与后来1340 年（伊斯兰历 740 年）由一位名叫哈姆德·阿拉·穆斯塔维（Hamd-Allah Mustawfi）的政府官员撰写的地理著作进行比较，那时大寒流已经从人们的记忆中逐渐消失了。[42] 穆斯塔维只提到了伊朗的 12 个棉花产区，在这 12 个产区中，除了 3 个，全都位于伊朗南部或宜人的里海低地。更重要的是，他提到的地区主要是村庄而不是城市，这表明棉纺织是地方性消费而非主要的出口贸易。伊斯法罕、加兹温、尼沙布尔、梅尔夫、布哈拉、撒马尔罕和雷伊等公元 1000 年（伊斯兰历 390 年）以前主导棉花产业的主要城市，都不再被视为主要产区。此外，在鲁伊·冈萨雷斯·克拉维约（Ruy Gonzalez de Clavijo）的报告中，1403—1406 年（伊斯兰历 805—808 年）前往帖木儿宫廷的使团也没有把这些城市称为棉纺中心。[43] 他还明确指出，进口到帖木儿帝国在伊朗西北部的首府苏丹尼耶的棉花，来自设拉子和亚兹德，而呼罗珊也是产区，这是两个南部城市和整个东北地区。

　　棉花种植的南移暗示气候变化产生了持续的影响，然而很难确定寒冷气候本身是否给北方的棉花种植者带来了广泛的破坏。西伯利亚高压的波动是一种冬季现象，可能并没有减少夏季的高温，或者将生长期缩短到少于棉花植株成熟所需的 5 个月。可以肯定的是，棉株对寒冷很敏感，但反应最敏感是在播种之时。如果土壤温度降至 65 华氏度以下，种子就无法正常发芽。在没有温度计的情况下，伊朗的棉农很可能偶尔会在严冬后过早地播种作物。一份来自也门的农业年鉴（伊朗的棉花文化可能源于也门）将作物活动与一年中的特定时间进行匹配，这表明农民在确定最佳播种日期时，更多地依靠历史悠久的传统而不是技术性的计算。[44] 但是，作为有经验的耕作者，伊朗的棉农很可能从这些错误中学到了经验，并通过反复试验使他们的做法适应了更低的温度。

　　寒冷以及饥荒记载所显示的冲击，一定影响了冬季作物，特别是对人类和牲畜都必需的主要谷物。[45] 上一章讨论的对小麦和大麦征收税率的暴跌表明，到 10 世纪（伊斯兰历 4 世纪）初粮食资源已经开始有了压力，这显然是对那个时期旺盛的城市人口增长和城乡移民的反应。[46] 如果这种分析是正确的，那么大寒流对棉花的影响可能是间接的而不是直接的。由寒冷天气或农村不安全状况造成的收成减少，只会增加已经存在的粮食压力，迫使农民将棉田改成麦田。

　　另一个因素也可能导致棉花减产：棉布作为面料声望下降，作为奢侈品则被丝绸挤占市场。乌理玛在 5 个不同城市的职业名称表（见表 2.1）显示，棉花种植者的数量大致等于伊朗四个城市的棉布商人数量，而巴格达的比例是 1 名棉花种植者对应 5 名棉布经销商。但是，表 2.1 中没有收录一部专门针对 11 世纪（伊斯兰历 5 世纪）的最广泛的伊朗传记字典的职业信息；这部字典是阿巴德·加菲尔·法里西（'Abd al-Ghafir al-Farisi）的《尼沙布尔历史脉络》（*Kitab al-Siyaq li Ta'rikh Naisabur*）。[47] 法里西的工作继续了哈基姆·尼沙布里（al-Hakim al-Naisaburi）的汇编，其资料见于表 2.1。像哈基姆一样，法里西将自己编的传记按时序分类。他的第一个按时序分类的传记类别，包含约 1014 年（伊斯兰历 405 年）至 1033 年（伊斯兰历 425 年）间的死者。这些人主要生活在大寒流发生之前，因此我们将死亡年份向前推 20 年，以符合他们的职业性名字所暗示的他们积极参与经济的时间。这样就可以确定时段 1 的期限是 994—1013 年（伊斯兰历 383—403 年）。时段 2 和时段 3 的起止时间因要前推相同的 20 年，分别为 1014—1047 年（伊斯兰历 404—458 年）和 1047—1110 年（伊斯兰历 439—503 年）。正是由于这两个稍后时段中的人，棉花行业发生变化的证据才变得明显。

表 3.1 清楚地表明了棉花行业作为一种受人尊重的职业走向衰落。哈基姆汇编中包含的 10 世纪（伊斯兰历 4 世纪）的职业性名字中约有三分之一与棉花种植和棉布生产有关。在法里西

著作的 3 个时段里,这一比例下降了一半,降至平均 15%,其
中最低的比例出现在时段 3。如果我们排除卡尔巴斯(*karbas*)
贸易,整个行业的下滑趋势将更加明显;卡尔巴斯是一种结实
耐用的面料,似乎已经成为尼沙布尔的特色产品,因为 *Karabisi*
(卡尔巴斯)这个名字在伊朗其他地方很少出现。如果没有卡
尔巴斯,与棉花有关的人名将从 25% 下降到 8%,下降三分之
二。如果专门看棉花种植者,则下降幅度甚至超过三分之二,
从哈基姆的 10% 降至法里西的 3% 以下。

表 3.1 尼沙布尔棉花行业的职业名称

死亡年份前推 20 年	棉花作为作物:QATTAN	棉布:BAZZAZ	棉帆布:KARABISI	棉花行业中的总数	所有职业称谓总数
AL-HAKIM					
906—926/293—314	5(10%)	7(14%)	3(6%)	15(30%)	48
926—994/314—384	8(10%)	10(13%)	15(19%)	33(42%)	78
AL-FARISI					
994—1013/383—403	1(2%)	2(4%)	5(10%)	8(16%)	49
1014—1047/404—438	3(3%)	9(9%)	8(8%)	20(20%)	97
1047—1110/439—503	3(2%)	5(4%)	8(5%)	16(11%)	147

尽管表 3.1 显示的总数太小以至于百分比计算很不稳定,但
可以从其他交易的信息中搜集到棉花业衰退的某种佐证。如表
3.2 所示,皮革业提供了有启发性的对照。这里的数字是如此之

小，以至于百分比的比较确实毫无意义，但是10—11世纪（伊斯兰历4—5世纪）的总体趋势使人联想到这一点。哈基姆书的最后两个时段和法里西书的第一个时段，涵盖土库曼游牧人大量迁入呼罗珊之前的一个世纪。在那110年间，尼沙布尔宗教精英的11名成员的名字与皮革行业有关。但是，在11世纪（伊斯兰历5世纪），包括法里西书的时段2和时段3，皮革商人的总数达到20人，几乎是10世纪（伊斯兰历4世纪）的两倍。难以避免的怀疑是，越来越多的尼沙布尔乌理玛商人，通过销售新来的游牧民带来的大量绵羊和山羊皮获益。同样有道理的是，无论是因为天气或农村的不安全状况，还是因为需求变化造成的棉花减产，都可以通过皮革的增产来抵消。

表 3.2　尼沙布尔皮革行业的职业名称

死亡年份前推 20 年	鞍具商： SARRAJ	皮商： SIKHTYANI	生皮商： SARRAM
AL-HAKIM			
906−926/293−314	1	0	1
926−994/314−384	3	0	2
AL-FARISI			
994−1013/383−403	2	2	0
1014−1047/404−438	8	0	1
1047−1110/439−503	6	1	4

与沿丝绸之路进口的纤维商品相关的职业性人名，同样表明一种远离棉花的趋势，比如 *Farra'*（毛皮商人），*Ibrisimi*（丝绸商人），*Labbad*（毛毡经销商）。法里西书的时段 1 出现一名毛皮商人和一名丝绸进口商，时段 2 出现了四名毛皮商人和一名丝绸进口商，以及一名毛毡商人。时段 3 又有两名丝绸进口商注册。这些丝绸之路商品的重新出现——它们在 9 世纪（伊斯兰历 3 世纪）中叶至 10 世纪（伊斯兰历 4 世纪）末期间在尼沙布尔乌理玛的职业性人名中几乎完全没有出现[48]——表明了跨亚洲商队贸易的复兴。下一章将进一步探讨该问题。

90

定量指标，尤其是那些基于很小总样本的指标，需要用其他种类的证据进行考察。还有哪些其他观察结果可以支持关于 11 世纪（伊斯兰历 5 世纪）棉花丧失其原有地位或商业价值的争论？轶闻有时会有所帮助。贝哈齐编年史的 1031 年（伊斯兰历 412 年）讲述了以下故事：

> 第二天，星期二，大维齐尔（Grand Vizier）来到法庭，与埃米尔会面后来到法院。绿松石色的织锦缎祈祷毯已铺在他通常所在的主位附近……他（维齐尔）唤人去

取一个墨水瓶，（随从们）为他摆好；他（维齐尔）又要
求随从们取来那种他们携带的纸张和轻便的卷轴，并为
自己摆好。他开始工作并写道："以真主仁慈怜悯之名。
91　颂扬主，真正的主，并祝福他的使者，天选者，穆罕默
德及其全族！真主佑我完满，他是一位多么出色的守护
神！主啊，请帮助我做你想要做的事和你所喜悦的事，
因你的仁慈，一切仁慈中的至高者！在此感谢真主，两
个世界的主，向贫困潦倒者赠予 10000 迪拉姆银币，价值
10000 迪拉姆的面包，5000 迪拉姆的肉，以及 10000 腕尺
[karbas]。" 49

塞尔柱人征服前不久的这则故事清楚地表明，至少在政府
仓库中，棉花并不短缺。大维齐尔本人却坐在丝绸锦缎上，他
分发给穷人的棉花是结实耐用的物品而不是高级面料。卡尔巴
斯显然是那种尼沙布尔最常见的棉布。

视觉证据也很有价值。我在上一章提出，9 世纪（伊斯兰
历 3 世纪）棉花产业发展的原因部分是阿拉伯穆斯林的渴望，
以及非阿拉伯人的伊朗人改信伊斯兰教后（以穿棉织品的方式）
使自己能在公共场所与非穆斯林明显区别的愿望。像萨珊精英
那样穿丝绸锦缎被认为是一种非穆斯林的习俗，因此为在伊朗
被认真收集和传播的穆罕默德圣训所禁止。然而，到了 10 世纪

（伊斯兰历 4 世纪）末，丝绸服装，特别是丝绸锦缎，不再引起宗教上的强烈反对。从那时起，纯白色棉布仍然仅仅是乌理玛的首选服装，由于军队和统治阶层的精英们对萨珊式的华贵面料愈加青睐，它们从未被真正抛弃过。

这种品味变化的证据零散但连续。关于乌理玛，阿巴德·卡里姆·萨马尼（'Abd al-Karim al-Samcani）是一位卒于 1167 年（伊斯兰历 562 年）的呼罗珊学者，他的 *Adab al-imla' wa'l-istimla'* 是一本教习圣训礼仪的著作。在说明性标题"让[诵圣训者]穿着白色衣服"下，他引用了真主的使者关于白色衣服的说法："你们的身体穿着它们，你们的尸体被包裹在其中；确实，它们是所有服装中最好的。"[50]

在更普遍的层面上，我们可能会回想起前一章提到的尼沙布尔陶器在 10 世纪（伊斯兰历 4 世纪）的趋势，例如，彩绘釉陶的渐失热度，带有华丽阿拉伯文书法的纯白餐具及米色器皿则越来越受欢迎。尽管大多数米色器皿的传世品都没有人物形象，但它们确实模仿了萨珊时期金银器（典型的伊朗贵族奢侈品）的设计。在塞尔柱时期，两种风格都消失了，取而代之的是各种蓝色器皿和彩绘器皿，这些彩绘器皿从其前身米色器皿那里继承了盛宴和战士的主题。而仅在纯白背景上加以阿拉伯文书法的器物并没有后继者。

我在 1975 年的《中世纪改宗伊斯兰研究》（*Conversion to*

Islam in the Medieval Period）一书中，基于偏颇的数据评述伊朗皈依伊斯兰教的历程时指出，9 世纪（伊斯兰历 3 世纪）末是伊朗穆斯林社会发展高潮期的开始（即"迟到的大多数"阶段的末期）[51]，现在我被建设性批评的观点所说服，该数据集不足以代表农村地区，高潮期可能要到 10 世纪（伊斯兰历 4 世纪）才出现。然而，不管其精确的时间顺序如何，高潮仍是许多地主精英的改宗，他们在最初的阿拉伯征服中没有成为战俘，后改宗伊斯兰教以逃避奴隶制，最终屈服于不可阻挡的趋势，将他们的集体身份认同从琐罗亚斯德教徒（或基督徒）转向穆斯林。对于"迟到的大多数"时期地位较高的个体而言，受圣训许可的穆斯林服装风格可能没有什么吸引力。正如他们喜欢聆听 10 世纪（伊斯兰历 4 世纪）末收入《列王纪》（*Shahnameh*）的那些前伊斯兰伊朗传说一样，他们更喜欢萨珊时期的服装风格，无论是服装还是陶器图案。随着更多伊朗本土的政权取代阿拉伯哈里发的权力，以及伊斯兰教无疑将永久地成为伊朗信仰，他们几乎没有理由打扮得像阿拉伯人。确实，将自己与阿拉伯人区分开来的愿望，可能已经像最初那几代伊朗穆斯林刻意模仿阿拉伯人装束和举止的愿望一样普遍。

11—12 世纪（伊斯兰历 5—6 世纪）的塞尔柱时期，提供了丰富的视觉证据——陶器、小雕像、细密画——证实丝绸锦缎

是统治精英们偏爱的服装面料。但这并不意味着提拉子（*tiraz*）
停止融入皇家礼服中。在整个 11 世纪，不仅提拉兹（Tirazi）和
穆塔里兹（Mutarriz）这样的职业性人名继续出现，而且贝哈齐
在描述一位次等统治者于 1030 年（伊斯兰历 411 年）进行的安
排时指出，提拉子上绣有统治者的名字已成为政治合法性的正
式象征：

> ［进一步的情况是］我们同教兄弟应该以我们部属的方
> 式行动：他应该在城镇清真寺的讲坛上首先宣告我们的名
> 字，而且在星期五布道集会（*khutba*）的正式祷告中，也要
> 先宣告我们的名字，然后再提他自己的名字。铸造迪拉姆
> 和第纳尔两种银币时，以及在诈马提拉子（*tiraz-e jama*，
> 锦缎制成的提拉子）上绣名字时，同样首先是我们的名字，
> 然后才是他的名字。[52]

但是，塞尔柱时期的图像证据表明，那时的提拉子刺绣是
围在锦缎礼服的上臂处，而不是绣在一定长度的素布或条纹布
上的唯一装饰。曾经相当于政府对棉花产业的宗教性背书的东
西，已经沦为一种确认统治者权威的工具。

❧

以下结论将有助于总结和归纳本章的论点：

1. 由于受西伯利亚高压影响的异常寒冷的冬季温度，伊朗的气候从 920 年（伊斯兰历 307 年）起经历了长达 20 年的寒冷期，然后在 11 世纪（伊斯兰历 5 世纪）初陷入了一个伴有干旱的严冬时期，这个时期似乎一直持续到 12 世纪（伊斯兰历 6 世纪）40 年代。

2. 在 11 世纪（伊斯兰历 5 世纪）的寒冷期，棉花的产量下降了，不过，作为一种穆斯林服装特用面料的棉布，其实在 10 世纪（伊斯兰历 4 世纪）早期已经过了它流行的顶峰。

3. 宗教学者更多地从事皮革贸易，以及参与三种丝路商品交易——毛皮、毛毡和进口中国丝绸；同时他们减少了对棉花行业的参与。但他们自己的服装偏好仍然是纯白色棉布。

4. 气温回升后恢复的棉花产业主要集中在伊朗南部，而伊斯兰早期作为棉花繁荣核心的北方诸城市不再参与其中。

在收集这些结论所依赖的证据时，我们避免了下述问题，即被称为乌古斯／古兹（Oghuz／Ghuzz）或土库曼（Turkoman）的突厥语人群的迁徙，以及由他们所建立的塞尔柱帝国是如何适应这些气候和经济变化的。那将是下一章的主题。

注释

1. Carter Vaughn Findley, *The Turks in World History* (Oxford: Oxford University Press, 2005), 15.

2. Ibn al-Jawzi, *Al-Muntazam fi Ta'rikh al-Muluk wa'l-Umam* (Heydarabad: Macba'at Da'irat al-Ma'arif al-'Uthmaniyah, 1357-1359[1938-1940]), vol.6, 201-202.

3. Ibid., vol. 7, 237.

4. Ibid., vol. 6,156.

5. Ibid., vol. 6, 39.

6. David Koenig, "Medieval Winters in Baghdad: A Study in the History of Climate Between 296 A.H. and 493 A.H. Based on Ibn al-Jawzi's Kitab al-Muntazam," unpublished MA thesis, Columbia University, 1991.

7. R. D'Arrigo, G. Jacoby, et al. "1738 Years of Mongolian Temperature Variability Inferred from a Tree-Ring Record of Siberian Pine," *Geophysical Research Letters*, 28 (2001), 543-546.

8. 对中世纪温暖期及小冰期的支持或反对意见（主要针对小冰期），最近有一份详尽的评议，请参看Willie Soon and Sallie Baliunas, "Reconstructing Climatic and Environmental Changes of the Past 1000 Years: A Reappraisal," *Energy &Environment* 14:2-3 (March 2003): 233-239。

9. 由于中国的气候受全球季风系统的影响，而全球季风系统并不影响中东北部，因此那里的温度波动与中东北部天气模式的相关性尚不清楚。然而可以合理地推测，至少在中国北部，西伯利亚高压强度的任何显著变化都会对其造成影响。不巧的是，非专业人士可利用的数据涉及整个中国，另外一个系列涉及中国东部，但不专门针对中国北部。整个中国的数据表明，1090年（伊斯兰历482年）之前没有明显的降温。但是，那时气温确实急剧下降。尽管这一寒冷时期的开始时间明显晚于伊朗降温的时间，但两个地区均持续到大约1130年（伊斯兰历524年）。(Yang Bao et al., "General characteristics of temperature variation in China during the last two millennia," *Geophysical Research Letters*, 10.1029/2011GL014485 [11 May 2002], 可在线访问 www.ncdc.noaa.gov/paleo/pubs/tan2003/tan2003.html)。1090年（伊斯兰历482年）以后的这种较冷的天气发生在中国北部（北京）夏季普遍比较温暖的时期，因此可以推测与寒冷的冬季密切相关。(Ming Tan et al., "Cyclic Rapid Warming on Centennial-Scale Revealed by a 2650-Year Stalagmite Secord of Warm Season Temperature," *Geophysical Research Letters* 30, no.12,1617 [June 2003], 可在线访问 www. ncdc.noaa. gov/paleo/pubs/ tan2003/tan2003. html)，感谢维克托·利伯曼（Victor B. Lieberman）教授对中国气候影响提出的谨慎看法。

10. 经典的气候史导论，可参看 Emmanuel Le Roy Ladurie, *Times of Feast, Times of Famine: A History of Climate since the Year 1000*, tr. Barbara Bray (Garden City, NY: Doubleday, 1971)。

11. "Was there a 'Little Ice Age' and a 'Medieval Warm Period' ?" in 2001 report of the Intergovernmental Panel on Climate Change: *www. grida. no/climate/ipcc_tar/wg1/070.htm*。

12. Willie Soon, "Reconstructing," 270.

13. G. C. Jacoby, R. D. D'Arrigo, et al, "Mongolian Tree Rings and 20th-

Cencury Warming," *Science* 273, no. 5276 (1996): 771-773.

14. 伊朗在1870—1872年（伊斯兰历1286—1288年）遭受了寒冬，俄罗斯和奥斯曼帝国则是在1873—1774年（伊斯兰历1289—1290年）。1876—1879年（伊斯兰历1292—1295年）中国北方的严重饥荒可能与这些灾难有关。

15. 例如，两组蒙古树轮的数据都显示17世纪初（伊斯兰历11世纪20年代）出现了接近低温纪录的寒潮。当时的历史记录称，在沙皇鲍里斯·戈杜诺夫统治的最后几年中，俄罗斯经历了从1602年（伊斯兰历1010年）到1604年（伊斯兰历1012年）的严重饥荒；灾难性的饥荒袭击了奥斯曼帝国的安纳托利亚，并掀起了一场"大流离"（Büyük Kaçgun），成千上万的农民放弃了他们贫瘠的村庄。但是在这种情况下，寒冷确实是全球性的，是由1600年2月19日秘鲁的瓦纳普提那（Huaynaputina）火山喷发引起的。我要感谢萨姆·怀特（Sam White）教授提醒我注意这种相关性。

16. Hamza b. al-Hasan al-Isfahani, *Kitab ta'rikh sanni muluk al-ard wa'l-anbiya* (Berlin: Buchdruckerei und Verlagsanstalt "Kaviani," [nd]), 122. 我要感谢阿瑟夫·霍丹尼（Asef Kholdani）博士告知我这一点。

17. 对于邻近的土耳其，类似的研究有Peter Ian Kuniholm, "Archaeological Evidence and Non-evidence for Climatic Change," in S.K. Runcorn and J.-C. Pecker, eds., *The Earth's Climate and Variability of the Sun Over Recent Millennia* (London: The Royal Society, 1990), 645-655。

18. Ibn al-Jawzi, *Al-Muntazam*, vol. 8, 25.

19. Ibid., 28.

20. Ibid., 36.

21. Ahmad ibn Fadlan, *Risalat Ibn Fadlan fi wasf al-rihla ila bilad al-Turk wa'l-Khazar wa'l-Rus wa'l-Saqaliba* (Damascus: Matbu 'at al-Majma 'al-'Ilmi al- 'Arabi, 1959/1379). 我要感谢卡伦·品托（Karen Pinto）教授告知我上述著作的相关段落，并感谢她的母亲阿黛拉·品托（Adele Pinto）向我提供了该书一种俄译本的英译本。

22. Ibid., 83.

23. Ibid., 84-85.

24. Ibid., 86-90.

25. Al-Isfahani, *Kitab Sanni*, 124.

26. Ibid.

27. Abul' l-Fazl Beyhaqi, *The History of Beyhaqi*, tr. with commentary by C. E. Bosworth and revised by M. Ashtiany, Persian Heritage Series, 3 vols. (New York: 2009).

28. Wilhelm Barthold, Turkestan Down to the Mongol Invasion, 3e (London: Luzac & Co., 1968), 298, n. 4.

29. Beyhaqi vol. 2, 209.

30. Beyhaqi, vol. 2, 247-248.

31. Beyhaqi, vol. 2, 299.

32. Beyhaqi, vol. 2, 304.

33. Ibid.

34. Abu al-Hasan 'Ali Bayhaqi "Ibn Funduq," *Tarikh-e Baihaq*, 2e (Tehran: Ketabforushi Foroughi, [nd]), 268, 273.

35. Abu Nasr Muhammad Al-Utbi, *Kitab-i-Yamini*, James Reynolds, tr. (London: Oriental Translation Fund,1858), ch. 33. 这部编年史的全文请

参见persian.packhum.org/persian/intro.html。

36. Ibn al-Athir, *Al-Kamil fi'l-Tarikh*, vol. 10 (Beirut: Dar Sadir-Dar Beirut, 1966/1386), 291.

37. Ibid., 301.

38. Dorothea Krawulsky, ed. and tr., *Briefe und Reden des Abu Hamid Muhammad al-Gazzali*, (Freiburg im Briesgau: Klaus Schwarz Verlag: 1971), 65. 我十分感谢肯尼斯·噶登（Kenneth Garden）教授告知这条资料。

39. 这些观点在我以前的著作中有详细讨论，并附有可靠的证据。请参 Bulliet, *View from the Edge*, ch. 8-9。

40. 在过去的三个世纪中，印花棉布和白棉布一直是伊朗棉纺品的代表，平纹布则不是。请参见*Woven from the Soul, Spun from the Heart*, 29, 146-150。

41. André Miquel, *La géographie humaine du monde musulman jusqu'au milieu du 11ᵉ siècle*, vol. 1 (Paris: Mouton, 1967—1988).

42. Hamd-Allah Mustawfi, *The Geographical Part of the* Nuzhat-al-Qulub, G. Le Strange, tr. (London: Luzac & Co., 1919).

43. Ruy Gonzalez de Clavijo, *Narrative of the Embassy of Ruy Gonzalez de Clavijo to the Court of Timour at Samarcand, A.D., 1403-6*, Clements R. Markham, tr. (London: Hakluyt Society, 1859).

44. Daniel Martin Varisco, *Medieval Agriculture and Islamic Science: The Almanac of a Yemeni Sultan* (Seattle: University of Washington Press, 1994), 202.

45. 有关低温对冬小麦发芽抑制作用的分析请参见Burhan Ozkan and

Handan Akcaoz, "Impacts of Climate Factors on Yields for Selected Crops in Southern Turkey," *Mitigation and Adaptation Strategies for Global Change*, 7 (2002): 367-380. 我很感谢萨姆·怀特教授告知此文。

46. Bulliet, *View from the Edge*, ch. 8.

47. 这项工作的两篇精简版手稿收录于Richard N. Frye, *Histories of Nishapur*。

48. 参见表1.1以及第一章的相关讨论。

49. Beyhaqi, vol. 1, 246-247.

50. 'Abd al-Karim al-Sam'ani, *Adab al-imla'wa'l-istimla'* Max Weisweiler, tr. (Leiden: E.J. Brill, 1951), 30.

51. Bulliet, *Conversion*, ch. 5.

52. Beyhaqi, vol. 1,162.

突厥人与骆驼

导致伊朗棉花不再兴盛的不只有大寒流。大寒流只是间接的影响因素。伴随着乌古斯土库曼人进入伊朗，因果关系变得更加复杂。本章提出一个激进的观点，包括两个命题：第一，11 世纪（伊斯兰历 5 世纪）迁至伊朗的乌古斯土库曼人所放牧的畜群里，有在经济意义上举足轻重的大量雌性单峰驼，它们与经过挑选的雄性双峰驼杂交，为丝绸之路商队和军队提供良驼；第二，大寒流威胁到对寒冷敏感的单峰驼种群的生存，塞尔柱时期它们在伊朗北部很大程度上消失了，使得牧人别无选择，只好从土库曼斯坦的卡拉库姆沙漠北缘南迁至其南缘。根据这一假说，气候变化是这次划时代人口迁移的主因。

传统观点与这一命题相对立，大体上基于这一时期历史叙述中有限的记录，主要强调土库曼斯坦 - 乌兹别克斯坦地区复杂的政治冲突。就历史原因而言，这种传统路径会将反常气候事件归结为同时发生的或许无足轻重的条件，此前也从未有人将其视作主要动因。但传统研究路径并未排除这样一种可能性，即在乌古斯人进入呼罗珊地区之后，以及塞尔柱统治的那个世纪，大寒流以其他方式影响了伊朗经济史进程。

　　以上两种观点都没有充足的或决定性的证据支撑，有批判眼光的读者倾向于哪种观点，或许取决于具体细节，但可能同样取决于他／她的历史哲学。一些人更喜欢将关键历史事件理解为自觉的人类活动和决定相互作用的产物，相应地，他们反感决定论或机械论的因素，例如气候变化或流行病。然而，这一选择并不那么简单。历史学家同意，数以千计的游牧家族在更靠北的地方，即里海与咸海之间、卡拉库姆沙漠北侧、今乌兹别克斯坦境内，生活了五个世纪甚至更长时间之后，带着他们成群的牲畜突然开始迁入伊朗东北部。大规模人口的迁徙事业，在这个案例中事关穿越艰难荒凉的土地、寻求定居的许可以及与他们希望占据的土地上已有居民的互动，这种决定不会建立在零零碎碎的基础上。没有任何材料表明突厥语人群是缓慢地、一个家庭一个家庭地渗透进伊朗东北部的。一定发生过讨论；部落领袖们一定在他们行动的过程中达成了一致。气候的观点并不完全否认人的因素，它只是提出了这样一个问题：关于迁移的讨论中，关键事宜是取决于气候和牲畜，还是取决于政治。

这一时期的历史叙述大体上描述了这次迁移的两个阶段，真实中出现的无疑比在史料展现出来的还要多。第一阶段发生于 11 世纪的第一个十年（伊斯兰历 4 世纪的最后一个十年），即大寒流到来之际。第二阶段发生于 20 年至 25 年之后。1900 年俄国东方学家巴托尔德在其巨著《蒙古人侵时期的突厥斯坦》中巧妙地回避了第一次大迁移为何会发生的问题。在描述了一场发生在中亚的乌古斯战士们输给了伽色尼的马哈茂德苏丹（Sultan Mahmud of Ghazna）的冲突之后，他写道："马哈茂德首先对阿里特勒（Ali-tagin）的盟友，即以塞尔柱之子以斯拉因（Isra'il）为首的土库曼人采取行动。马哈茂德师出克捷，擒获以斯拉因，把他解往印度，幽闭于城堡中；他的部众一部分被歼灭，另一部分离开了首领（塞尔柱的后裔），**经马哈茂德同意，移居呼罗珊境内。**"[1]（强调为引者所加）

　　最近一位学者利用同样的、在过去的一个世纪里并未进一步丰富的叙事史碎片，取得了本质上一致的结论：

　　　　然而，对于马哈茂德苏丹对以斯拉因的所作所为，塞尔柱人并未展现出任何怨恨。相反，他们在图格鲁勒（Tughril）和查格勒（Chaghri，以斯拉因的侄子）的命令下投降了苏丹，请求苏丹允许他们跨过阿姆河，定居于纳萨（Nasa）和阿比瓦尔德（Abivard）之间，从而让他们的牲畜

98

> 有足够的牧场 [原文如此]……其结果是马哈茂德苏丹同意
> 了他们的请求，把萨拉赫斯（Sarakhs）、阿比瓦尔德和法拉
> 瓦（Farava，今克孜勒阿尔瓦特 [Qizil Arvat]）附近的草原牧
> 场划拨给了他们。[2]

蹊跷的是，阿里特勤与伽色尼的马哈茂德间的军事对抗，
似乎并不必然导致随后的迁移，倒是可能相反。失败者向击败
其军队、抓获其首领的统治者请求赦免或回家的许可，是完全
可以理解的。他们又为何会希望定居在刚刚击败了他们的人的
土地上呢？一个充分考虑到军事安全的统治者，又为何会同意
他们的请求呢？并无线索表明马哈茂德希望土库曼人加入他的
军队，尽管部分败军更换效忠对象的情况时有发生。事实上，
历史记载表明新来的土库曼人迁居后远非苏丹可靠的支持者，
他们成了严重干扰伊朗北部和平的劫掠者。

有这么一个故事，证实当时这种消极后果并非没有被预料
到："图斯（Tus，尼沙布尔附近的马什哈德新城）长官阿尔萨
兰·扎迪布（Arsalan Jadhib）提醒苏丹反对此事（即乌古斯人的
移居），建议要么消灭所有的塞尔柱人，要么切掉塞尔柱男性的
手指，这样他们可能 [原文如此] 就无法拉弓了。"[3]

99   解释迁徙原因的政治叙述不足，这表明具有变革性影响的
突厥语部落进入中东的历史需要得到更宏观的概括。卡特·芬

德利在其新著《世界历史中的突厥人》中简要处理了这个问题：

> 塞尔柱人的族源不甚清晰地植根于乌古斯突厥人（阿拉伯史料作古兹，Ghuzz），他们形成国家的历史始于9世纪，在改宗伊斯兰教之前。最早的塞尔柱人是乌古斯的基尼克（Kinik）部落的首领，他于985年在锡尔河畔毡的（Jand）改宗伊斯兰教。他的四个儿子源自《圣经》的名字——米卡伊尔（Mika'il）、伊斯拉因（Isra'il）、穆萨（Musa）、尤努斯（Yunus，即约拿Jonah）——表明他们此前接受了可萨（Khazar）的犹太教或景教。现在，他们和他们的追随者们（引者按：此处芬德利引用著名中亚史家彼得·戈尔顿[Peter Golden]的话）"成了与草原上的'异教徒'作战的伊斯兰化的突厥语边缘人口的一部分"。**在部落移动和政治不稳定的压力下**，他们"被普遍描述为满身脏污的坏蛋，受绝望和濒死的饥饿驱使去征服"。他们在小国君主间朝秦暮楚，在米卡伊尔的两个儿子图格鲁勒和查格勒率领下迁移到了呼罗珊，开始侵袭当地人……伽色尼王朝阻止这种侵袭的尝试导致了丹丹坎（Dandanqan）战役的爆发（1040年5月23日，即伊斯兰历431年9月9日），最终，杀红了眼的塞尔柱人战胜了精疲力竭的伽色尼王朝。塞尔柱人成为呼罗珊的主人，将他们的势力扩张进河中地区、

100

跨入伊朗。[4]（强调为引者所加）

这里的"部落移动和政治不稳定"似乎是用来解释乌古斯人迁移的原因，而非单纯的描述。杰出的伊朗史家安妮·兰布顿（Anne Lambton）观点相似："大塞尔柱末期乌古斯人迁入呼罗珊和克尔曼（Kirman）的原因，与之前一个多世纪导致乌古斯人迁入波斯的因素或许不会有很大的不同：**牧场短缺、政治压力和可能的人口过剩……**"[5]（强调为引者所加）

由此，在原因层面，乌古斯人向南的迁移被类比于更广为人知的先前的草原骑马游牧人，如匈人（Hun）、阿瓦尔人（Avar）、马扎尔人（Magyar）、可萨人（Khazar）和佩切涅格人（Pecheneg）的西迁过程。"部落移动和政治不稳定"或"政治压力"影响了他们所有人。但只有乌古斯人的移动是朝着一个不同的方向，那就是向南。

欧亚草原是一条由近乎连续的草场组成的条带，西起匈牙利的第聂伯河平原，东到蒙古和中国的门户。从生态上讲，它与北美的大平原和阿根廷的潘帕斯草原相对应。野马组成的巨大畜群曾漫步于草原，驯化马则首先出现于草原的西端而非东端。[6]利用草原资源的社会很大程度上依赖他们牲畜的产品而生存，这里的牲畜不只有马，还包括绵羊、山羊，在适宜的地方还有牛。在一些地区，特别是靠南的、山地和沙漠构成草原边界的地方，还养双峰驼，用双峰驼搬运重物——包括例如可拆卸的小屋等露营物品、商队路线上的贸易物品，有时也用双峰驼拉车。然而，相对于其他牲畜，骆驼数量很少，也只是偶尔被用作肉食或用来产奶。游牧人的骄傲是他们的马，是马赋予了他们机动性和军事潜力。草原是马的理想居地，也极少有阻止人群东西移动的障碍。

但不是向南。大海和高山构成了草原的南部边界，唯一的特例是里海正东、今土库曼斯坦和乌兹别克斯坦境内的地区。沙漠横亘于丰美的草原和伊朗北部与阿富汗干燥但可灌溉的地区之间。卡拉库姆（Karakum，"黑沙"）沙漠从里海东岸延伸到阿姆河西岸。一跨过阿姆河，沙漠便重现，克孜勒库姆（Kizilkum，"红沙"）沙漠从阿姆河向东延伸，然后转向稍远的北方。一般认为，印伊语（Indo-Iranic）人群在四千年前从中亚向南迁移并分化，一些向东进入印度，其余向西进入美索不达米亚，此时这些沙漠或许还没有它们此后那样干燥而成为禁区。但即使是那时，从中亚到伊朗的路途也不大可能不穿过令人怯步的干燥地带。

如果像一部分而非全部气候史家认为的那样，里海以东持续变干，那么从北方草原向南的迁移只会更加困难。那些已知的南进游牧人，例如公元前 2 世纪的塞人（Sakae，即斯基泰人，Scythians）和公元 4 世纪的嚈哒人（Hephthalites，即白匈奴人，

White Huns），他们靠近河流淡水水源，这些河流源自阿富汗和塔吉克斯坦白雪覆盖的高山，穿过沙漠，被沙子吸干或汇入盐湖。泽拉夫尚河为商业城市撒马尔罕和布哈拉及其周围的农田供水，但它本身却在向西到达阿姆河之前沉入地下或蒸发了。阿姆河比泽拉夫尚河大得多，使巴克特里亚（阿富汗北部）的运河灌溉成为可能，之后从向西转为向北流，分开了卡拉库姆沙漠和克孜勒库姆沙漠，最终形成一块肥沃的三角洲，汇入高盐的咸海。这块沙漠中央肥沃的三角洲地区就是花剌子模。继续向西，下一条从阿富汗的山间流出的河流是穆尔加布河，它形成了一块更小的可耕种的三角洲，之后消失于梅尔夫城稍北的沙漠中；然后是捷詹河（Tejen），又称哈里河（Hari Rud），它折向北，经过萨拉赫斯城，最后在土库曼斯坦的荒漠中渐渐干涸。

捷詹河以西，现在构成了伊朗和土库曼斯坦边境的一部分，那里的群山比起阿富汗和塔吉克斯坦的山脉更低矮而干旱。积雪融水和间或出现的泉水造就了许多季节性的、冲刷出深沟的溪流，它们向北流数英里进入卡拉库姆沙漠，但最近的几个世纪坎儿井灌溉被用于开发山麓地带有限的农业潜力。（苏联时代从阿姆河修建了一条东西向的运河，给沙漠带来了灌溉用水，将土库曼斯坦南部变成生产棉花的农业地区）。

群山不仅低矮，而且排列出两道山脉。厄尔布鲁士山

102

（Alborz）现在整个都在伊朗境内，高耸于里海南岸，但其东侧的余脉相对低矮，这就是比纳鲁德山（Binalud）。克佩特山（Kopet Dagh）平行立于比纳鲁德山北侧，构成了现今伊朗与土库曼斯坦之间的大部分边境。比纳鲁德山北坡和克佩特山南坡的径流确实形成了伊朗的一条重要河流，即阿特拉克河（Atrak）；但它向西注入里海，因此不流经卡拉库姆沙漠。[7] 至于克佩特山的北侧，巴托尔德根据英国旅行者寇松爵士（Lord Curzon）的说法评论称："这些由灰色的石灰岩构成的贫瘠高地的阴郁景象是无可匹敌的，那里只有少量的泉水浇灌，除稀疏的杜松（juniper）外没有任何植被。"[8]

当我们考虑这一时期的历史叙述所宣称的乌古斯移民请求重新定居或苏丹马哈茂德赐予牧场的特定地区，即萨拉赫斯、阿比瓦尔德、纳萨和法拉瓦（今土库曼斯坦克孜勒阿尔瓦特），前述地理细节便成了历史焦点。从伊朗与土库曼斯坦之间的捷詹河边境上的萨拉赫斯开始，这四座城镇（法拉瓦实际上与其说是一座城镇，不如说是一个被沙漠包围的防御要塞）构成了一条沿着狭窄的山麓地带的直线，将克佩特山北坡与卡拉库姆沙漠分开。用一位现代地理学家的话说就是："在群山与沙漠低地之间的是山麓，其特征是一块宽达 20 英里的丘陵地区和一片平缓起伏的冲积平原，后者的宽度从几英里到 20 英里不等。"[9]

11 世纪（伊斯兰历 5 世纪）早期伊朗最雄辩的历史学家阿布·阿尔－法兹勒·巴依哈奇（Abu al-Fazl Bayhaqi）在伽色尼的马哈茂德之子、继承人马苏德（Mas'ud）苏丹手下担任秘书。因此，他是他所记录的许多事件的直接观察者。稍后我们将处理他对乌古斯人迁徙的第二阶段的描述。此处相关的是他记录的一段观察，出自其主公马苏德之口。1035 年（伊斯兰历 426年），当马苏德决定回绝塞尔柱的首领图格鲁勒和查格勒将数千乌古斯土库曼人带到呼罗珊的请求之时，马苏德说："必须牢记那些获我父（引者按：苏丹马哈茂德）允许渡过阿姆河、在呼罗珊获得一席之地的土库曼人所带来的伤害和麻烦，那些土库曼人在呼罗珊做养驼人（sarbanan）。"[10]

这里的 sarbanan（养驼人）一词，使得聚焦于政治史叙事的历史学家所忽视的乌古斯人迁徙问题明朗起来。尽管不能否认土库曼人拥有用于骑战的马，但他们并没有像典型的草原牧马人那样指定他们想要生活的地方。早期从中亚向南移动的牧马游牧人沿着河流穿过沙漠，最终在河流上游适宜养马的优良牧场找到新家园，这些地方主要位于阿富汗北部（巴尔赫［即巴克特里亚］、朱兹詹［Juzjan］、噶尔吉斯坦［Gharchistan］和巴德吉斯［Badghis］）。或者他们继续向南，进入伊朗东部干旱但广阔的西吉斯坦（Sijistan，该词来自 Sakastanae 即"塞人 Sakae 的土地"）平原，或者去更远的巴基斯坦境内的印度河谷。

数千年间，没有人专门在克佩特山山麓的沙漠边缘寻找土地，那片地区被穆斯林地图制作者打上了 *mafaza Ghuzz* 即"古兹（乌古斯）边界"的标签。当然，牧马游牧人可以在向南不远处、位于比纳鲁德山和克佩特山之间的阿特拉克河谷找到足够的牧场，但克佩特山北坡与沙漠之间的狭窄地带不被视为马的优良牧场。[11] 巴托尔德根据公元 1 世纪的作家斯特拉波（Strabo）评论说："在阿契美尼德时代，这一地区不太重要；根据斯特拉波的说法，波斯国王们在游历全国时，尽量迅速地穿过帕提亚（彼时土库曼斯坦边境的名称），因为这一地区过于贫困，无法供应他们规模庞大的扈从。"[12] 简而言之，向马哈茂德苏丹请求新家园的乌古斯人是在力图迁到骆驼的牧场，而非马的牧场。

实际上，乌古斯人的迁居是一次从卡拉库姆沙漠北缘的咸海与里海之间的地区到该沙漠南缘的迁移。在西端，沿里海岸边的地方，沙漠的南北距离只有 150 英里左右。但里海是一个咸水湖；对携带大量畜群的大规模人口迁徙来说，这条路线上淡水太少了。

历史上，在企图攻击里海东南角温暖而肥沃的戈尔干（Gorgan）上的城镇和村庄时，劫掠团伙使用过这条西侧的路线。荒凉海岸附近的巴勒汗山脉（Balkhan）有水，因此提供了一个中转站。这条路线很早就被用于横跨沙漠的劫掠，一道用来保卫低地的长城可以证实这一点，这便是所谓"亚历山大长城（Wall of Alexander）"，它最早可以追溯到帕提亚时代（公元前 3 世纪—公元 3 世纪）。

在东面更远的地方，花剌子模与有坎儿井灌溉的阿姆河三角洲和克佩特山之间的距离超过 300 英里。穿过不毛之地从法拉瓦到花剌子模的道路存在过，但它经过的地方极端干燥，都是荒凉的沙漠。这条路线也缺乏大规模人口迁徙所需的淡水。

因此，乌古斯人走的路线要更靠东，巴依哈奇所提到的跨过阿姆河暗示了这一点。设想数以千计的移民赶着他们的畜群从花剌子模地区出来，他们会溯阿姆河而行；也就是向东南走约 300 英里，直到它与丝绸之路的一段相交，这段丝绸之路向西南延伸，将阿姆河与捷詹河上的萨拉赫斯小镇连接起来。从阿姆河到萨拉赫斯的距离约为 150 英里，但两端都有足够的淡水，且作为一条主要的商道，这条路上有完备的休整和补水点。据称一些乌古斯人在萨拉赫斯地区得到了牧场，该地不仅仅是繁忙的商路上的重要一站，也是知名的养驼中心。一部成书于 982 年（伊斯兰历 372 年）的佚名波斯语地理书这样描述萨拉赫斯："一个位于草原中间大路上的城镇。（这里译为'草原'的 biyaban 一词，通常意为'沙漠'。）一条干涸的河床经过市场；只有在发洪水的时候，河床里才有水。这是一个有许多种植业的地区，那里的人民生得强壮好战。骆驼是他们的财富。"[13]

到达萨拉赫斯的大部分土库曼人继续向西，去阿比瓦尔

德、纳萨和法拉瓦。这件事是专门计划好的，这一点可由下
述事实推断出来：30年左右之后，在1035年（伊斯兰历426
年）乌古斯人的第二次迁徙中，塞尔柱首领图格鲁勒、查格
勒和叶护（Yabghu）被正式授予了三个地方的权力：迪西斯坦
(Dihistan)、法拉瓦和纳萨。靠近里海的阿特拉克河畔的迪西斯
坦甚至比法拉瓦还要偏西，这表明土库曼人的迁徙导致他们成
为了存在于从萨拉赫斯到里海一线的游牧人。那位佚名地理学
家的地理书完成于982年（伊斯兰历372年），在乌古斯人第一
次迁徙前20多年，彼时来自卡拉库姆沙漠北侧的劫掠者是最重
要、最受关注的对象。那位地理学家将迪西斯坦描述为"对古
兹边境（*bar ruy*）的前哨（*thaghr*）[原文如此]。"[14] 他用同样
的话作为对法拉瓦的描述的一部分："一个坐落于呼罗珊与迪西
斯坦边境的要塞（*ribat*），位于沙漠边缘。是对古兹边境上的前
哨[原文如此]。在要塞中有足够饮用的一汪泉水。居民没有耕
地，他们从纳萨和迪西斯坦带来粮食。"[15]

养骆驼成了乌古斯人这趟行程完全合理的理由。这片土地
符合他们很长时间以来在沙漠北端已经习惯了的沙漠放牧类
型，而且过去前来劫掠的经历无疑使他熟悉了正前往的土
地。然而，就第一次迁徙而言，地理没有解释土库曼人在战
场上被马哈茂德苏丹打败后为何不选择回到他们过去的家园。
关于回家，也许有一些没有提到的政治问题。但在没有任何特

106

定信息的情况下，我们可以提出这样的假说，即他们从卡拉库姆沙漠的北缘移到南缘，是因为越来越寒冷的冬季对骆驼构成了威胁。根据现代数据，过去乌古斯人放牧的咸海西侧的土地与里海东南部的沙漠低地相比，1月平均气温要低12—15摄氏度。对于面对日益恶化气候的养驼人来说，这一温差就很关键了。

过去四十年我的思考与写作都大量涉及与驯化骆驼相关的历史问题。[16] 然而，据我所知，单峰驼与双峰驼之间地理分界线的历史却从未被彻底研究过。一方面，学者们或多或少同意，古时候伊朗（北部）和中亚的骆驼是双峰驼。但在某个节点，单峰驼的分布范围扩大，覆盖了整个伊朗、兴都库什山以南的阿富汗、巴基斯坦和印度北部的大部分地区。因为这些动物都是驯化了的，所以这一扩张一定是人类选择和人群活动的结果。这些选择是基于运输和商业，还是基于游牧生活方式？史料对此保持沉默。这些人群包括阿拉伯人、伊朗人、俾路支人、阿富汗人或是突厥语人群吗？同样地，文献中没有专门的答案。

我们此处对这一宏阔而未知的问题所关注的部分，关乎数百年来直至今日土库曼斯坦卡拉库姆沙漠南部的骆驼种群属于单峰驼这一事实。更靠北、靠东的地方，主要都是双峰驼。事实上，土库曼斯坦代表着放牧单峰驼的北界。因此，考虑到气候恶化对游牧人的生计可能造成的影响，我们必须认识到，与通常为欧亚草原游牧人所拥有的适应寒冷气候的牲畜——马、牛、绵羊、山羊、双峰驼——不同，驯化单峰驼的故乡是炎热的阿拉伯半岛沙漠。

107

关于寒冷气候对单峰驼的影响，据我所知还没有详尽的科学研究。然而，一篇关于土库曼斯坦的阿尔瓦纳（Arvana）骆驼的文章，援引科学资料坚称"阿尔瓦纳骆驼不适应严寒的冬季"，这篇文章见于一个关于动物物种的百科网站，一个土库曼斯坦的公共关系网站也一字不差地使用了这篇文章。[17] 即使如此，我也不认为一项现代田野研究的发现能彻底解决伊斯兰时代早期几个世纪里的骆驼种群问题，因为过去的 1400 年间，在不同的环境区域里发展出了许多品种和亚品种。就我们研究的这个时段而言，最好的证据来自中世纪关于动物的杰出权威阿米尔·本·巴赫尔·阿尔－贾西兹（'Amr b. Bahr al-Jahiz），一个阿比西尼亚裔的伊拉克人，去世于 868 年（伊斯兰历 255 年）。在多卷本的《动物书》（*Kitab al-Hayawan*）中，他讲道："骆驼在罗姆（Rum，安纳托利亚，位于土耳其中部）地区会死掉。它们衰朽，状态不好。"[18] 他还说："精妙的是，罗姆人与放牧骆驼的游牧人保持着那样和平的关系，这些游牧人知道骆驼进入罗姆地区就会死掉。"[19] 在这一证据之外，还可以加上此前引用过的 921 年（伊斯兰历 308 年）旅行者伊本·法德兰听说的故事，彼时他和他的使团因严寒的天气被困在花剌子模达三个月之久："两个人牵着 12 头骆驼出去，到灌木丛生的沼泽里采集木柴……度过寒夜后醒来时，他们发现所有的骆驼都被冻死了。"[20] 尽管这个故事可能有所夸张，但值得注意的是，它涉及的是单峰驼——使用的是 *jamal* 这个标准的阿拉伯语词——而不是马、骡子或双峰驼。如果向伊本·法德兰讲述这个故事的当地人不相信它起码的可靠性的话，这个故事似乎不大可能传到法德兰的耳朵里。

乌古斯人迁居卡拉库姆沙漠南缘，此地与美索不达米亚北部及安纳托利亚之间的边界处于相同纬度，阿尔－贾西兹将这一边界定义为阿拉伯养驼游牧人的牲畜的北界，这些阿拉伯养驼人与第一次到达呼罗珊和中亚的穆斯林阿拉伯人同宗同源。骆驼死亡的罗姆地区靠北一点，但卡拉库姆沙漠的北缘更靠北，它与黑海南部处于同一纬度。尽管安纳托利亚的中央平原海拔要比卡拉库姆沙漠高，可能冬天也更冷，但很显然，如果土库曼斯坦的骆驼彼时属于阿尔－贾西兹所知的单峰驼，它们就生活在其生理分布的极北界。（在之后的几个世纪，更多适应寒冷气候、体表厚重多毛的单峰驼，即似乎与现代土库曼斯坦的阿尔瓦纳骆驼相同的所谓土库曼骆驼也出现在了罗姆地区；
但正如我们将看到的那样，它们可能是被乌古斯人引进到那
里的。）

在伊斯兰征服之际，大量单峰驼与阿拉伯军队一道来到土
库曼斯坦。根据早期编年史，数万阿拉伯人迁到了呼罗珊，大
多定居在梅尔夫的军营里。梅尔夫位于穆尔加布河的三角洲，
运河灌溉使得种植业成为可能，但同时梅尔夫又被沙漠环绕。
因此，那里有足够的沙漠供阿拉伯人放牧骆驼，梅尔夫被选作
中亚边境上的穆斯林军事战略要塞，很可能是考虑到了这一因
素。另一个阿拉伯军营在阿富汗北部的巴尔赫，与此类似，也
有大量骆驼去了那里。

然而在阿拉伯人到来之前，美索不达米亚的单峰驼在丝绸
之路诸贸易中心大概也不是完全不为人知。撒马尔罕的一幅壁
画很可能描绘了 7 世纪中叶一位粟特国王的葬礼行列。[21] 一位
女性骑手骑着一头小白象引领整个行列，三个女性骑在马上紧
随其后。她们后面就是两个大胡子男人骑在单峰驼上，手里拿
着的东西似乎是华丽的仪式指挥棒。其他证据还来自梅尔夫附
近白丘（Ak Tepe）的发掘，那里出土了萨珊晚期一方泥制印章
的印迹，展现了一峰单峰驼。[22] 然而，单峰驼无疑并不常见。
两峰骆驼和一头白象作为仪式行列中的仪式性坐骑出现，表明
这三个动物都是外来的（撒马尔罕行列中的其他 16 个骑乘动物

109　　都是马），而且，当时毗邻卡拉库姆沙漠北部咸海岸边的花剌子模铸造的银币上，展现的是双峰驼，可以肯定，双峰驼是当时土库曼斯坦主要的骆驼品种。[23]

　　前伊斯兰时代养双峰驼的人群是花剌子模的土库曼人还是花剌子模人？我们知道，后者是说一种伊朗语族语言的，他们通常被认为是阿姆河三角洲上的定居农业人群。入侵的阿拉伯人将他们面对的大多数游牧人都描述成突厥人。无论是哪种情况，可以肯定的是，在阿拉伯人征服这一地区、在遥远的南方穆尔加布河三角洲上建立梅尔夫作为他们最初的军营之前，双峰驼游牧就已经定型了。而不消说，许多定居在那里和后来定居在巴尔赫的阿拉伯人都来自阿拉伯半岛养骆驼的部落。

　　现代土库曼斯坦和在边境伊朗一侧零散的土库曼人分布区的所有骆驼都是单峰驼，那么问题来了：由双峰驼向单峰驼的转变是何时、为何发生的？最具启发性的文献史料是艾哈迈德·阿尔－雅库比（Ahmad al-Ya'qubi）的《列国志》（*Kitab al-Buldan*），作者卒于 897 年（伊斯兰历 283 年），当时气候还远没有开始变凉。谈到里海东南角的戈尔干地区（与乌古斯人于 11 世纪［伊斯兰历 5 世纪］早期移居的地区几乎相同）时，他说，那里有"大的 *bukhati* 骆驼（*al-ibil al-bukhati al-'izami*）。"[24]

　　阿拉伯语形容词 *bukhati* 是 *bukht* 一词的复数形式。阿尔－贾西兹并未前后一致地使用 *bukht* 一词。有时它指双峰驼，但通常指单峰驼与双峰驼杂交产生的杂交骆驼。[25]正如雅库比使用 'izam（伟大、巨大）一词所表明的那样，bukht 骆驼比它的父母都更大、更强壮，因此是丝绸之路西段的一种理想的驮畜，可以从寒冷的中亚到达伊朗和伊拉克温暖的土地。雌性杂交种被称为 jammaza，尤其适合骑乘，有时被称为"敏捷的骑乘骆驼"。（雌雄两种杂交骆驼表面上看都像单峰驼，它们背部有一个大的隆起，但有些隆起在从肩向后约三分之一处有一个 2 到 6 英寸的凹陷，这代表着双峰之间消失的空隙。）阿尔－贾西兹如此总结这个品种：

> 当［雄性］双峰驼（al-fawalij）与［雌性］阿拉伯骆驼（［al-ibil］al-'irab）杂交，你会得到这些高贵的［karima］bukht 骆驼和 jammaza 骆驼，它们将阿拉伯骆驼的优点与 bukht 骆驼［此处指双峰驼］的优点结合了起来。（与杂交驼相比）原来那两个品种（指单峰驼和双峰驼）的体型并不更高大、威风、令人满意和昂贵。但当你让雄性阿拉伯单峰驼与雌性 bukht［此处显然指的是第一代杂交种］交配，就会得到 bahwaniya 和［sarsaraniya］两种骆驼。外观上它们比父母都丑陋，体型笨拙，也更加暴躁［ashadda］。[26]

据许多材料说，杂交种与单峰驼或双峰驼交配的后代在外形上，至少就驼峰的数量而言，与它非杂交的父或母保持一致。
当杂交种互相交配时，后代不能繁殖。[27] 因此，成年杂交种从未
成为种畜群的一部分。当 *bukht* 和 *jammaza* 年龄足够大时，它
们就被卖作驮畜或骑乘动物。这不但给专门培育杂交种的游牧
人带来一笔重要的收益，还使他们成为商队贸易使用和军用的
优良牲畜的提供者。

　　从地理上说，花剌子模地区的乌古斯人处在为丝绸之路商
队培育杂交骆驼的绝佳位置上。由于阿拉伯人一度在梅尔夫驻
扎了一支大军，还曾在里海附近的戈尔干驻扎过一支规模稍小
的军队，因而他们不难获得雌性单峰驼的大规模畜群。土库曼
人已经有了雄性双峰驼。且卡拉库姆沙漠的边缘提供了极佳的
牧场，又不会有任何其他人垂涎，因为那里太贫瘠，无法养活
大规模的马群。另外，土库曼人很容易到达丝绸之路上的主要
贸易中心布哈拉。布哈拉与离巴尔赫（稍后将讨论）不远的撒
马尔罕似乎都是转运点，来自中国的双峰驼商队在那里卸下货
物。这些货物再被装上杂交的 *bukht* 骆驼，踏上下一段穿过伊
朗和伊拉克的旅程。

　　现有的文献证据无法证明一些乌古斯人真的专门培育杂交
骆驼作为商品。但生活在花剌子模附近的人一定是养骆驼的。
伊本·法德兰证实了这一点，他说他的使团从花剌子模进入乌
古斯人的土地时购买了"突厥骆驼"。[28] 尽管他使用的阿拉伯语

词 *jamal* 正确的用法是指单峰驼，但这里的形容词"突厥的"表明这是一种与伊本·法德兰在伊拉克故乡熟悉的品种不同的骆驼。这是他用来指杂交骆驼的方式吗？也许正是如此，因为他故乡的阿拉伯读者几乎一定不熟悉 *bukht* 一词。或者，这些载着乘客穿过齐膝深大雪的"突厥骆驼"，只是属于一个类似现代土库曼骆驼、御寒能力强于传统单峰驼的当地品种吗？

地理学家对南迁乌古斯人选择新的定居地的描述，更清晰地表明了杂交骆驼的可能性。此前引述的两条材料，一是卡拉库姆沙漠中的丝路城镇萨拉赫斯的财富在于骆驼，二是戈尔干是杂交骆驼培育之地，这两条材料都早于乌古斯人的南迁。这表明，最初将单峰驼带到伊朗东北部的阿拉伯人，可能是这一杂交产业的最早获益者。不仅如此，另一个东方的、我们明确知道培育了 *bukht* 骆驼和 *jammaza* 骆驼的地区，似乎是当地阿拉伯游牧人的一个金矿。远在东方的阿富汗北部阿拉伯要塞城市巴尔赫，其附近的游牧人也培育杂交骆驼。[29] 与戈尔干和梅尔夫（尽管没有萨拉赫斯）一样，巴尔赫在 8 世纪（伊斯兰历 2 世纪）已经成为一个主要的阿拉伯军事中心，阿拉伯人带来了单峰驼。他们需要做的，便是将雌性单峰驼与当地的雄性双峰驼杂交。根据那位佚名的 10 世纪（伊斯兰历 4 世纪）波斯地理学家的说法，巴尔赫西面的沙漠，是大约 2 万名养骆驼和绵羊的阿拉伯人的家园。他还敏锐地指出，这些人是整个呼罗珊地区最富裕的阿拉伯人。[30] 证明他们富有的材料是自洽的。

因此最可能的是，9 世纪（伊斯兰历 3 世纪）生活在卡拉库姆沙漠北部的乌古斯人，从他们定期劫掠的沙漠南端的阿拉伯人那里，学会了养育杂交骆驼。他们最初的牲畜，很可能就是从阿拉伯人那里偷来，然后在劫掠团伙回程的时候骑着向北穿过沙漠的。也许可以进一步推测，当塞尔柱的儿子们及其部落追随者们开始全面从事杂交骆驼的商业生产，且显然成为至少是名义上的穆斯林时，他们最直接的市场，就是在布哈拉附近为丝绸之路商人提供驮畜。

这样的历史图景能够解释史料中的两个令人困惑之处。第一，如卡特·芬德利指出的那样，塞尔柱的后裔中有很多源自《圣经》的名字，表明他们或许与里海北岸伏尔加河口信奉犹太教的可萨突厥人或信奉景教的回鹘突厥人有关，后者是丝绸之路上非常活跃的商人。如果乌古斯人确实培育了杂交种，那么前述思考便可以明确地证实，丝绸之路和景教是那些源自《圣经》的名字的来源，由此表明，塞尔柱家族卷入这条伟大商路的文化和商业绝非偶然。下一章我们还会回到这种可能性。

第二，马哈茂德苏丹允许乌古斯人迁至卡拉库姆沙漠的南缘这一看似不明智的选择，就变得非常合理了。他的想法可能是，通过同意乌古斯人对牧场的请求，获得高质量的商用和军用动物的主要供应源。巴依哈奇的历史叙述多次提及用于伽色

尼的军事战役的数千峰杂交 *jammaza* 骆驼，这些战役包括一连
串的对并无骆驼的印度北部的入侵，这需要数千头驮畜。生活
在巴尔赫西面的阿拉伯游牧人无疑提供了许多所需的驮畜和骑
乘动物。但是，在马哈茂德和他的儿子马苏德于中亚的呼罗珊
边境上与说突厥语的首领们争夺领土的若干年间，一定非常渴
望在西面有一个可靠的、用于军事的骑乘与驮载动物的供应源。

　　我们必须考察 1034 年（伊斯兰历 426 年）乌古斯人第二
次迁到卡拉库姆沙漠南缘的情况，从而获得更多的线索。在那
一年，伽色尼统治者马苏德苏丹在一场同土库曼人的战斗中
丧失一位指挥官之后，愤怒地发布了一道命令："统帅必须率
军迎击这些野蛮的养驼人，彻底击败他们，然后再行进至巴尔
赫。"[31]"养驼人"一词此处明显有贬义，但这并不意味着它不
准确。根据巴依哈奇的记述，同年晚些时候，马苏德说：

114

　　　　一万突厥骑兵和许多首领前来定居于我们的疆域之
　　中，还到处叫屈，说他们没有容身之地，但事实上是我们
　　受到了影响。我们不应该让他们在土地上定居并扩大规模
　　和力量，因为必须记住由……获我父允许渡过阿姆河、在
　　呼罗珊获得一席之地的土库曼人所带来的伤害和麻烦，那
　　些土库曼人在呼罗珊做养驼人。我们不能允许这些人在那
　　里为所欲为，维齐尔都说他们对土地贪得无厌。[32]

在这个前已部分引用过的片段中，面对马苏德的土库曼人被明确类比作马苏德之父伽色尼的马哈茂德苏丹时代获准进入呼罗珊的乌古斯人。"养驼人"一词在苏丹的眼中或许很低贱，但马苏德气冲冲的谩骂绝没有否认他的敌人与养骆驼之间的联系。事实上，它为乌古斯人所谓"没有容身之地"的说法提供了一个背景。巴依哈奇补充说明了这种说法，他举出一封塞尔柱首领寄给马苏德的一个军事长官阿布·阿尔－法兹勒·苏里（Abu al-Fazl Suri）的信：

> 致尊贵的谢赫（Sheykh）崇高的存在、主人、圣裔（Sayyid），我们的领主阿布·阿尔－法兹勒·苏里·本·阿尔-莫塔兹（Abu al-Fazl Suri b. al-Mo'tazz），寄自奴仆们：叶护、图格里勒和达乌德（Davud）[萨尔柱首领们]，虔信者之君长[巴格达的哈里发]的奴仆（mavali）。

> 我们这些奴仆们已经不可能继续待在河中地的布哈拉了。当阿里特勤活着时，我们和谐相处，保持了友好的关系，但现在他死了，我们不得不和他的两个非常年轻幼稚的儿子打交道……伴随着哈仑（Harun）被杀，花剌子模陷入了非常混乱的局面，我们不可能搬到那里去。我们前来寻求世界之主、伟大的苏丹、施善者的保护，因此霍加（Khwaja）苏里或许可以充当中间人，写信给大维齐尔……向他求

情，因为他和我们之间有友谊的纽带。**花剌子模沙（Shah）阿尔屯塔什（Altuntash），愿真主怜悯他，每个冬季他都在他的领地里划给我们、我们的家庭和我们的牲畜一块地方，直到春季为止，由大维齐尔充当中间人。**如果高层的意见认为合适的话，我们可以被承认为顺从的臣民，我们中的一员可以在崇高的宫廷里服务，其他人也可以执行主人命令的任何任务；我们应能得到他强有力的庇护。**可以赐给我们沙漠边境的纳萨和法拉瓦地区，我们就可以在那里存放我们的包裹辎重，免于忧愁。我们不会允许任何来自巴勒汗山**［靠近里海海岸、迪西斯坦北方的群山］**、迪西斯坦、花剌子模边境或阿姆河附近地区的作恶者来找麻烦，而且我们会赶走伊拉克人和花剌子模的土库曼人。**如果未蒙真主允许，主人不给我们肯定的答复，我们不知道会发生什么，因为我们在世上已无处容身。考虑到它压倒性的显赫，我们不敢直接给那个令人敬畏的宫廷写任何东西，所以我们写给霍加，希望他能像主人一样将这件事解决，如果至高至大的真主愿意的话。[33]（强调为引者所加）

考虑到塞尔柱首领这一请求的性质，这封信里的细节也许不完全准确。但作为这一时期的直接观察者，巴依哈奇显然相

信了他们的故事。在他关于花剌子模地区的编年史中一个未标
明日期的部分，他简明扼要地重复了相同的信息：

> 在花剌子模的事件和哈伦的困境之后，塞尔柱人对他
> 们自己的未来更加沮丧：他们无法去布哈拉，因为阿里特
> 勒已经死了，他的儿子们，没救的东西，已经在那里获得
> 了权力；因为畏惧马力克沙（Shah Malek），他们也不能待
> 在花剌子模。因此他们考虑从花剌子模迁到呼罗珊，在那
> 里寻求庇护。他们的人民本就整装待发，于是突然开动，
> 跨过了阿姆河。在那天，有 700 个骑马的人过了河，之后
> 许多人加入了他们。他们……来到了梅尔夫和纳萨地区，
> 然后驻扎在了那里。[34]

116

这两份材料都声称乌古斯人将花剌子模和布哈拉地区视为
他们常规的土地，前者还是他们特定的冬牧场。然而，同时
代的地理学家并没有提到布哈拉与乌古斯人之间的联系。伊
本·哈卡勒（Ibn Hawqal）这样描述他们的位置："［呼罗珊的］
西面是古兹人的沙漠和戈尔干地区。"[35] 这个描述在一项地图学
传统中得到了证实，即"古兹人的国家"（*bilad Ghuzziya*）这一
标签被用来指卡拉库姆沙漠的北部，即伊本·哈卡勒说明的那
个地区。[36] 因此，对夏季迁去布哈拉的详述，可能反映了在那

个产犊之后的季节对商队动物需求的增长。花剌子模不同于布哈拉，前者远离丝绸之路交通的主干道，想必也远离相关的动物市场。

尽管如此，巴依哈奇提出的"寻求庇护"的问题，被明确叙述成政治摩擦而非寒冬的结果。布哈拉和花剌子模当时的统治者被描述得非常不友好，塞尔柱人因此别无选择，只好另寻他处。然而他们并不是想去苏丹想让他们去的任何地方。他们想去的地方很明确，就是二十多年前乌古斯人曾经迁到并搅乱的那个地方。而且他们认识到这些先来的乌古斯人已经成为劫掠者，因而提出保卫马苏德的疆域免遭侵袭。

马苏德拒绝了这个诉求，选择作战。这个决定最终导致了1040年（伊斯兰历431年）的丹丹坎战役，此役土库曼人彻底打败了马苏德军。之后，马苏德和他的伽色尼继承人将注意力转移到他们帝国的印度部分，将呼罗珊让给塞尔柱人统治。这样，土库曼人在卡拉库姆沙漠南缘寻求庇护——而非入侵——的两个阶段，便成了世界历史上的一个转折点。[1]

寒冷的冬季是否威胁到了拥有娇贵的单峰驼和杂交骆驼的

117

---

[1]　乌古斯是10世纪之前在里海以西高加索地区突厥人的总称（少数例外），其中南迁并伊斯兰化的获得土库曼之名。塞尔柱是这批突厥人中的一支，因建立政权而著名。——译者注

养驼人的生计，这种威胁在乌古斯人的首领带领部族人民南迁的决定中是否与政治因素同样重要，这些暂时都只能画上问号。但以这样不确定的说法结束我们对气候变迁的讨论就太不成熟了。如果有人能为蒙古的树轮数据——这一数据表明从 11 世纪的第一个十年（伊斯兰历 4 世纪的最后一个十年）开始大约有 130 年冬季相对寒冷——最大限度的解读提供即使是部分的证据，那么气候对塞尔柱经济和文化史的影响就需要在更广阔的视野下探索。

在许多与巴依哈奇的说法相似的歧视性描述中，早期塞尔柱人的形象是"满身脏污的坏蛋，受绝望和濒死的饥饿驱使去征服"（彼得·戈尔顿语），将他们在呼罗珊获取权力视为"杀红了眼的塞尔柱人对精疲力竭的伽色尼王朝的胜利"（卡特·芬德利语），然而，历史铭记着塞尔柱人，他们是 200 多年来未曾实现的穆斯林帝国统一的重建者。尽管关于大塞尔柱帝国还没有人写过一部综论性著作，但现代历史学家普遍将塞尔柱时期视为在政治、艺术、文化和宗教事务领域最具活力的时代。[37]

但很少有人对桑贾尔苏丹死后的时期持积极的看法，在那个时期，家族内斗、朝秦暮楚的当地军阀和多个狂暴的部落永

远地终结了塞尔柱的统一。一个以花剌子模为根据地、由最初
为塞尔柱人委派的说突厥语的家族统治的后继政权，最终控制
了伊朗的大部分地区。与塞尔柱不同，花剌子模沙的力量植根
于部落骑兵，其性质与成吉思汗帐下于1219年（伊斯兰历615年）
侵入伊朗时摧毁了花剌子模"帝国"的突厥－蒙古军队相似。
然而，早在被蒙古人蹂躏之前，花剌子模统治的地区就已经处
于经济严重衰退的状态了。

评估塞尔柱与花剌子模两个时代间区别的一种方式，就是
考察穆斯林宗教学术世界，估量来自伊朗的学者和显贵所占比
重的变化。叙利亚的两位著名学者传记编纂者伊本·阿尔－伊
马德（Ibn al-'Imad，逝于公元1687年，伊斯兰历1098年）和
阿尔·达哈比（al-Dhahabi，逝于1348年，伊斯兰历748年），
按传主死亡年代组织他们的作品，范围覆盖整个穆斯林世界。[38]
二人生活在不同的世纪，分属相互竞争的教法学派，前者属罕
百里（Hanbali）学派，后者属沙斐仪（Shafi'i）学派，他们在作
品中收入伊朗名字的数量大不相同。然而，每25年的时间段里
可被识别为伊朗人传记的比例几乎可以对应，只有1%—2%的
差别。这表明他们的作品很可能真实反映了穆斯林宗教学者地
区分布的历时性变化，而非基于个人的编纂倾向或可供他们参
考的早期编纂这种特殊情况。表4.1基于伊本·阿尔－伊马德
的编纂。我用他记录的逝世年代减去60年来估计学者可能的

118

出生年代，因为培育出年轻人杰出成就的那个社会，它的社会和经济环境对我们来说比学者逝世时的社会情况更重要。第二栏给出了每25年的时间段里可以确定传主地理位置的传记的总数。

表4.1　来自伊朗和伊拉克的穆斯林学者所占比例

死亡年份	总数	伊朗	伊拉克	说明
709/91	161	9%	46%	
734/116	180	8%	61%	<阿拔斯掌权
758/141	199	12%	62%	
782/166	213	24%	54%	
806/191	133	38%	39%	<棉花大繁荣开始
831/216	136	32%	48%	
855/241	186	38%	39%	
879/266	185	37%	39%	
903/291	184	40%	36%	
928/316	173	36%	42%	<第一次寒潮
952/341	168	41%	32%	
976/366	144	39%	31%	
1000/391	123	51%	22%	<大寒潮开始
1025/416	154	49%	29%	<塞尔柱掌权
1049/441	127	39%	34%	
1073/466	159	36%	33%	

续表

死亡年份	总数	伊朗	伊拉克	说明
1097/491	151	32%	32%	＜塞尔柱内乱
1122/516	189	23%	37%	
1146/541	193	23%	39%	
1170/566	228	14%	29%	＜后桑贾尔时代
1194/591	192	6%	17%	
1219/616	219	8%	12%	＜蒙古入侵

伊朗勃兴时期的开端与进入宗教学术世界的伊朗人比例的大幅上升相吻合。在9世纪（伊斯兰历3世纪）初与11世纪（伊斯兰历5世纪）末之间，伊朗为穆斯林信仰共同体贡献的学者占比在三分之一到一半之间。10—11世纪（伊斯兰历4—5世纪）伊朗基本上挤掉了作为京畿地区的伊拉克，成为穆斯林学术最重要的地区。

大寒流一开始没有导致这一比例的下降。就像意大利文艺复兴最伟大的作品都出现在12世纪（伊斯兰历6世纪）商业城市的异军突起以及下一个世纪中叶黑死病导致的人口灾难之后一样，伊朗文化在艰难时代到来之际依然保持了生命力和创造力。但到了塞尔柱衰落、花剌子模统治时期，其重要性再也无法维持。在1170年（伊斯兰历566年）和1193年（伊斯兰历590年）之间出生、在蒙古征服之前就已功成名就的伊朗学者，

在穆斯林学者中所占的比例，还不到半个世纪以前这个比例的
一半。

119   应当说明的是，这些数字不像它们看起来的那样确定无疑。
它们所基于的对所属地区的认定很大程度上来自祖籍名（*nisba*），
它是学者个人名字的一部分（例如巴格达迪 [Baghdadi]、设拉
集 [Shirazi]、伊斯法哈尼 [Isfahani]）。到塞尔柱时代晚期，
许多传记辞书里出现的伊朗人都已经离开了伊朗，生活在其他
地区。但他们都以其伊朗的祖籍名著称。因此，花剌子模时代
伊朗学者传记的大幅减少其实反映了塞尔柱人掌权时已开始的
伊朗文化事业的衰败。换言之，对塞尔柱时期更准确的综合评
120   价应当是，伊朗在塞尔柱人开始掌权时成为繁荣的宗教中心，
在塞尔柱统治期间保持着繁荣，但到这一帝国最终解体时，伊
朗在文化方面陷入深度衰退。

我们当然提出过，一场持续百年的大寒流严重摧毁了伊朗
北部的农业经济。此处的问题是，这种打击可能是如何影响到
伊朗人生活的其他方面的？例如，这一时期许多严重的派系分
裂斗争事件打击了伊朗北部的一些城市，许多宗教学术精英在
这些对立中扮演了活跃的角色。我在以前的论著中猜测过这种
残忍的派系主义的动因。[39] 然而，既然意识到了长期气候变迁
的证据，现在我会认为，无论卷入斗争的派系有什么样的意识
形态根源或宗教倾向，在经济恶化（尤其是大城市）的情况下

对资源的竞争，会帮助我们解释塞尔柱时代晚期各派系对其对手日益增长的恶意。尽管派系仇恨在大寒流开始之前的 10 世纪（伊斯兰历 4 世纪）就已出现，但表现出来的大体上限于骚乱和人身攻击。但到 1160 年（伊斯兰历 555 年），一些城市（最显著的是尼沙布尔）的大部分地方都被毁坏，这些城市只好废弃。派系冲突当然不是这种毁坏的唯一原因，但另一个主要原因即不受控制的土库曼游牧人团伙的掠夺，也应当与乡下恶化的生存条件有关。

由传记辞书中的个人条目拼接起来的家族史表明，许多有办法离开伊朗，拥有阿拉伯语语言技能，以及拥有在其他地方从事高水平职业所需的伊斯兰宗教科学技能的人，在这一时期移民了。[40] 与此同时，基于稀疏人口的土地利用方式即游动型畜牧业（pastoral nomadism）替代了农业，成为一些地区主要的农村活动。但缺少用于考察伊朗人口流失程度百分比形式的可量化材料。

气候变化对粮食生产和人口有严重的消极影响，可以对证实此观点有所帮助的一种研究路径是那些冬季同样受到西伯利亚高压影响的非穆斯林地区的历史。大寒流除了影响伊朗和中亚，应该也影响了拜占庭的安纳托利亚、亚美尼亚和基辅罗斯。关于安纳托利亚，"普遍认为 11 世纪中叶之后帝国遭遇了持续的人口减少"。[41] 这也是亚美尼亚人大规模地从他们在安纳

121

托利亚东部高地的传统家园迁到今属土耳其楚库罗瓦（Çukurova）省温暖的西里西亚（Cilicia）低地的时期，他们于 1187 年（伊斯兰历 582 年）在那里建立了小亚美尼亚王国。俄罗斯这一时期也有一系列饥荒和叛乱。[42] 证实大寒流在全部这些进程或其中某一个进程中扮演了某种角色，这超出了本书的范围。但如果真的存在这些重要关联的话，也许就更好理解 1071 年（伊斯兰历 463 年）曼齐坎特（Manzikert）战役之后游牧的乌古斯人轻易地散布到整个安纳托利亚的历史进程。

尽管如此，关于塞尔柱人仍有一个悖论。至少在最初统治的几十年，他们掌控了一个似乎很繁荣的、没有外来军事挑战的伊朗。但气候恶化似乎持续地破坏着农业经济，且新的统治者们并无管理农业的经验。理解这个表面上的悖论的方式，可能是将异乎寻常地熟练有效的领导能力归于那些由苏丹委派管理其王国的伊朗维齐尔们。[43] 然而，如果我们考察后来的一个突然转向游牧人统治的时期，即 13 世纪（伊斯兰历 7 世纪）蒙古伊儿汗国的兴起，就会产生不同的理解。在中国和伊朗，蒙古人在统治前期毫不留情地从农民那里征税，丝毫不理解这对农业产生的长期消极影响。但与此同时蒙古统治者非常支持贸易，特别是在丝绸之路沿线。他们理解这种活动，也从中直接受益，贸易的富足为一个农业领域饱受摧残的帝国添上了闪闪发光的繁荣光环。

也许塞尔柱人也是这样做的。阿尔－贾扎里（Al-Ghazali）在给桑贾尔苏丹的信中恳求他不要再向图斯市民征敛更多东西，也说明了这一点。苏丹们不熟悉农业，也一定不会意识到不同寻常的寒冬给农民造成的问题，他们可能只是简单而最大程度地向农民索取，而不做促进或恢复生产力的事情。然而，如果上文对乌古斯养驼业的讨论正确的话，他们真正理解的是商队贸易。这不成比例地导致了塞尔柱早期的繁荣，正如它后来为伊儿汗国宫廷的繁荣增光添彩一样。

塞尔柱聚焦于长途贸易的证据有多种形式。第三章已经谈到，与诸如毛毡、毛皮和丝绸等中亚贸易商品有关的乌理玛职业名字再度出现。在艺术方面，学者常常注意到塞尔柱时期艺术家所绘人像很多都是东亚面孔，这在此前并不存在。描绘的衣装也表明了丝绸之路商业的复兴。丝绸织锦成了贵族人士的标准穿着。服饰并未复制萨珊时代的图案，而是反映了萨珊时代对丝绸之路奢侈品审美的复兴，证实了 10 世纪（伊斯兰历 4 世纪）以来棉花作为达官显贵的高等级织物的衰落。

高价贸易在塞尔柱时代扮演了比之前重要的角色，另一个证据是铸造了大量的塞尔柱金第纳尔，而银第纳尔则相对短缺。价值相对低的迪拉姆比第纳尔更适于当地的交易和农业税的支付，它在棉花大繁荣时期是一种供应充足的货币，尽管 10 世纪（伊斯兰历 4 世纪）银矿资源枯竭导致许多铸币厂铸币时

122

掺入铜、青铜和铅。[44] 在乔治·迈尔斯（George C. Miles）关于
铸币研究的经典之作《赖伊的钱币史》（*The Numismatic History
of Rayy*）中，列举了作者知道的所有出土于这个德黑兰附近熙
熙攘攘的城市的钱币。[45] 在 913 年（伊斯兰历 301 年）之前，
赖伊铸币厂处于巴格达的阿拔斯哈里发的控制下，其数量巨大
的出土物几乎全是银迪拉姆。然而，独立的、以布哈拉为根据
地的萨曼王朝在赖伊一开始铸币，现存出土物中金银比率就发
生了改变。萨曼朝出土物中的四分之三（42 个中的 32 个）都
是金的。之后在 945 年（伊斯兰历 334 年），白益王朝接管了这
里，他们的统治者驻在赖伊。作为什叶派，他们与统治呼罗珊
和中亚的当地逊尼派政府之间联系很少。赖伊铸币厂的白益王
朝出土物有超过三分之二（63 个中的 44 个）都是银的。继而以
阿富汗为根据地的伽色尼王朝于 1029 年（伊斯兰历 420 年）到
来，这一时期出土物中银迪拉姆与金第纳尔的比例是 2∶1（13
个中的 9 个）。最后，土库曼人在丹丹坎痛击伽色尼军队之后，
塞尔柱人于 1042 年（伊斯兰历 434 年）接管了赖伊铸币厂。总
而言之，他们的出土物全都是金第纳尔（41 个中的 40 个）。我
在 1967 年对尼沙布尔的铸币进行了不太全面的研究，发现伽色
尼王朝马哈茂德时期的出土物中有 10% 是银的（147 个中的 15
个），而在第一位塞尔柱苏丹图格里勒·伯克（Tughril Beg）治
下，银币几乎消失了（125 个第纳尔、2 个迪拉姆）。

　　尽管钱币收集的性质大体上会导致博物馆和私人收藏品中金币占比过高，但从 9 世纪（伊斯兰历 3 世纪）的银向 11 世纪（伊斯兰历 5 世纪）的金几乎完全的转变太明显，不会是偶然的。也不能将它归结为银的短缺，因为掺假的钱币此前就很常见了。相反，塞尔柱人治下向金的转变表明了两点，一是农业税不再成为政权的财政基础，二是对高价进口贸易的兴趣大增，在这种贸易中，金比（掺假的）银在流通领域更有用。宫廷的奢侈品消费和使用金支付军人工资的简易性也可能产生了影响。塞尔柱时期新的装饰艺术风格，例如以精心绘制的图案为特点的卡尚镶金器和釉陶器，表明了一种消费模式，更能迎合奢侈品买主而非棉花大繁荣时代的城市有产者（bourgeoisie）。

　　为使本章的论点完整自洽，我会以一些关于骆驼的总结性评论结束本章。尽管骆驼图案很少在萨曼和伽色尼的艺术中出现，但塞尔柱陶器装饰的常见母题之一是一峰无人骑乘的双峰驼，它也许是商队的一部分。如上所论，伊朗在阿拉伯征服以后进入使用单峰驼的版图，在西部地区也许还要比这再早一点。若干现存的萨珊王朝或萨珊风格的银盘展现了萨珊沙野驴巴赫拉姆（Bahram Gur，即巴赫拉姆五世 [Bahram V]，421—438 年在位）在骆驼背上狩猎的图案，他宠爱的女奴阿杂达（Azada）紧随其后。所有这些盘子上画的都是单峰驼，通常画得很抽象；伊朗西北部萨珊时代的花园之拱（Taq-e Bustan）遗

124

址中展现狩猎场景的浮雕更写实，也雕上了单峰驼。同样传奇的图案在塞尔柱瓷器上再次出现，但彼时骆驼已经变成双峰驼了。更晚的 13—14 世纪（伊斯兰历 7—8 世纪）伊朗重新温暖起来的时候，伊朗艺术家们再次画出了毛发蓬松杂乱的单峰驼的图案，那应该是土库曼骆驼。只有假定这些不同时代的艺术家们描绘的都是对他们来说最常见的动物才公平，因此从单峰到双峰再回到单峰的变化，再次加强了由商队的双峰驼带给我们的印象，即单峰驼，包括杂交的 *bukht* 骆驼，在塞尔柱时代晚期的伊朗（北部）很大程度上消失了。

所以，如果像我们认为的那样，乌古斯人才是真正的单峰驼牧养人，他们培育了用于商队和军用骑乘的杂交骆驼，如果他们确实迁到了呼罗珊地区从而保护其牲畜免于日渐严寒的冬季，那么他们的努力似乎没有获得完全成功。单峰驼渐渐消失，到气候再次变暖时才重现。也许正是这一持续的牲畜问题，促使马哈茂德苏丹治下和平迁居的乌古斯人成为劫掠者。并且，他们继续西进——塞尔柱提出"赶走伊拉克人……土库曼人"使其所为清晰可见——的原因，部分地反映出他们仍在寻找更温暖的牧场。[46] 无论如何，几乎可以肯定，乌古斯人的西进，是体表厚重多毛的单峰驼被引进安纳托利亚，以及那里开始杂交骆驼的实践的原因。[47] 他们还为安纳托利亚带去了颇具魅力的"斗骆驼"，即让两头发情的公骆驼在一起厮打，这种活动至今在其他许多突厥语社会中也还存在……但是，并不存在于南方的叙利亚和美索不达米亚的阿拉伯人中间。

注释

1. Wilhelm Barthold, *Turkestan Down to the Mongol Invasion*, 3e (London: Luzac & Co., 1968), 285. （译者按：该书有中译本，参见［俄］巴托尔德著，张锡彤、张广达译：《蒙古入侵时期的突厥斯坦》，上海古籍出版社，2007年，第327—328页。）

2. Naseem Ahmad, *Religion and Politics in Central Asia Under the Saljuqs* (Srinagar: Sahil Publications, 2003), 49. *Cattle*一词显然是按照英式用法，泛指有蹄的牲畜。

3. Ibid.

4. Carter Vaughn Findley, *The Turks in World History* (Oxford: Oxford University Press, 2005), 68.

5. Anne K. S. Lambron, "Aspects of Saljuq-Ghuzz Settlement in Persia," in *Islamic Civilization, 950-1150*, D. H. Richards, ed. (Oxford: Cassirer, 1973), 111.

6. 关于马的驯化，参见Richard W. Bulliet, *Hunters, Herders, and Hamburgers* (New York: Columbia University Press, 2005), ch. 5-7的讨论。

7. 伊朗的这一部分现在部分地被游牧的土库曼人占据，www.turkmensahra.com搜集了大量照片。

8. Wilhelm Barthold, *An Historical Geography of Iran*, Svat Soucek, tr. (Princeton: Princeton University Press, 1984), 88.

9. Robert A. Lewis, "Early Irrigation in West Turkestan," *Annals of the Association of American Geographers*, 56/3 (September, 1966): 472.

10. Bayhaqi, vol. 2, 133.

11. Jean Aubin已经证实，蒙古和帖木儿时代真正的骑马游牧人穿过这一地区时，他们更喜欢走东西向的路线，顺着比纳鲁德山和克佩特山之间的山谷前行。很长时间以来，比纳鲁德山南面相对平缓的东西向路线为带着长长的驼队的丝绸之路商人所青睐。但对蒙古的马群来说，那里太干旱了。史料甚至没有提及第三种选择，即从纳萨到阿比瓦尔德、再到萨拉赫斯的路线。（"Réseau pastoral et réseau caravanier. Les grand'routes du Khurassan à l'époque mongole," *Hautes Études Islamiques et Orientales d'Histoire Comparée*, IV *Le Monde Iranien et l'Islam* [Paris: Librairie Minard, 1971], 105-130.）

12. Barthold, *Historical Geography*, 88.

13. *Hudud al-'Alam* "*The Regions of the World*": *A Persian Geography*, V. Minorsky tr. (London: Luzac & Co., 1937), 104.

14. *Hudud al-'Alam*, 133-134.

15. Ibid.

16. Richard W. Bulliet, *The Camel and the Wheel* (Cambridge, MA: Harvard University Press, 1975).

17. 这两个网站是www.ansi.okstate.edu/breeds/other/camel/arvana/和www.Turkmens.com/Turkmenistan/html。我无法核对的科学资料是N. G. Dmitriev and L. K. Ernst, *Aminal Genetic Resources of the USSR*, Food and Agriculture Organization Animal Production and Health Paper No. 65, 1985。除了这个显然是科学方面的发现，19世纪欧洲的一位游

历过花剌子模希瓦城的旅行家记录称 "nar和irkek两个品种的单峰

驼都对寒冷很敏感"。("Tartarie," in Louis Dubeux and V. Valmont,

Tartarie, Beloutchistan, Boutan et Népal [Paris: Didot Frères, 1848],

62.) 在现代土库曼语中，nar一词与bukht所指相同，即杂交骆驼。

但irkek指的是双峰驼而非单峰驼。然而，忽略掉这个术语的争议，

这份报告确认了骆驼的抗寒能力。

18. 'Amr b. Bahr al-Jahiz, *Kitab al-Hayawan* (Beirut: Dar Ihya' al-Turath al-
 'Arabi, [nd]), vol. 7, 135.

19. Ibid., vol. 3, 434. 我在《骆驼与轮子》（*The Camel and the Wheel*）一
 书中把这段翻译错了。

20. Ahmad ibn Fadlan, *Risalat Ibn Fadlan fi wasf al-rihla ila bilad al-Turk
 wa'l-Khazar wa'l-Rus wa'l-Saqaliba* (Damascus: Matbu'at al-Majma'al-
 'Ilmi al-'Arabi, 1959/1379), 83.

21. "Court Art of Sogdian Samarqand in the 7th century AD: Some remarks
 to an old problem," A web publication by Markus Mode, 2002 (www.
 orientarch.uni-halle.de/ca/afras/index.htm).

22. A. Gubaev, "Raskopki Zamka Ak-depe," in B. A. Rybakov,
 Arkheologischeskie Otkrytiya 1971 goda (Moscow, 1972), 536-537.

23. *The Cambridge History of Iran*, vol. 3(1) (Cambridge: Cambridge
 University Press, 1983), 254-55, pl. 24:14-15.

24. Ahmad al-Ya'qubi, *Kitab al-Buldan*, de Goeje,ed. (Leiden: E. J. Brill,
 1892), 277.

25. Bulliet, *Camel*, chap. 6详细讨论了骆驼杂交和相关的史料。那里附的
 阿拉伯语术语表中bukht的含义不完整。

26. Al-Jahiz, vol. 1, 138.

27. Bulliet, *Camel*, 144-145.

28. Ibn Fadlan, *Risalat*, 86.

29. Ibn Hawqal, *Configuration*, 436.译者将*bukht*一词误译为"巴克特里亚的",但从语境可以看出这里明显是专指。

30. *Hudud al-'Alam*, 108.

31. Bayhaqi, vol. 2, 95.

32. Bayhaqi, vol. 2, 133.

33. Bayhaqi, vol. 2, 131.

34. Bayhaqi, vol. 2, 396.

35. Ibn Hawqal, *Configuration*, 413.

36. 我对伊斯兰地图学的理解,特别是有关乌古斯的位置的知识,蒙Karen Pinto教授赐教。

37. 近年来有一些重要的研究,参见Jürgen Paul, *Herrscher, Gemeinwesen, Vermittler: Ostiran und Transoxanien in vormongolischer Zeit* (Beirut: Franz Steiner Verlag Stuttgart, 1996); Omid Safi, *The Politics of Knowledge in Premodern Islam: Negotiating Ideology and Religious Inquiry* (Chapel Hill: University of North Carolina Press, 2006)。

38. 表4.1据Abu al-Fath 'Abd al-Hayy Ibn al-'Imad, *Shadharat al-dhahab fi akhbar man dhahab*, 8 v. (Cairo: maktaba al-Qudsi, 1931-32) 编成。用来检验这里的发现的可靠性的作品是Abu 'Abd Allah Muhammad al-Dhahabi, *Kitab al-'ibar fi khabar man ghabar*, ed. Salah al-Din Munajjid and Fu'ad Sayyid, 5 vols. (Kuwait: Office of Printing and Publication, 1960-66)。更多讨论,参见Bulliet, *Conversion*, ch. 2。

39. Bulliet, *Patricians*, ch. 5-6; Bulliet, *View from the Edge*, ch. 8-9.

40. Bulliet, *Patricians*, Part II; Bulliet, *View from the Edge*, ch. 9.

41. A. Kazhdan and Ann Wharton Epstein, *Change in Byzantine Culture in the Eleventh and Twelfth Centuries* (Berkeley: University of California Press, 1985), 26. 两位作者对这一宏观认识的准确性持保留意见，但他们举出的反证来自希腊和马其顿而非安纳托利亚东部，后者才受到西伯利亚高压最强烈的影响。

42. 饥荒于1024年（伊斯兰历394年）、1071年（伊斯兰历463年）和1092年（伊斯兰历484年）影响到了基辅罗斯。这与伊朗的气候事件有何关联仍待研究。Janet Martin, *Medieval Russia 980-1584* (Cambridge: Cambridge University Press, 1995), 60。

43. 参见，例如Safi, *Politics of Knowledge*, ch. 2。

44. 对钱币学家们所谓"银荒"的讨论集中于11世纪（伊斯兰历5世纪）银币的消失，但10世纪（伊斯兰历4世纪）时就有人注意到银币掺假了。921年（伊斯兰历308年）伊本·法德兰批评了布哈拉和花剌子模迪拉姆掺假。（*Risalat*, 79, 82）

45. George C. Miles, *The Numismatic History of Rayy* (New York: The American Numismatic Society, 1938). 迈尔斯在1975年逝世前又添加了很多样本，但该书的第二版从未出版。尽管如此，新添加的钱币不大可能大幅改变金和银的比例。

46. Lambton, "Aspects"以很长的篇幅讨论了乌古斯人在伊朗更大范围内的迁徙。

47. Bulliet, *Camel*, 231-234.

第五章

世界史上的一个重大时刻

　　在任何人的世界史叙事中，伊朗中产社会的兴衰都不会是重点。费耐生（Richard N. Frye）的著作《波斯的黄金时代——东方的阿拉伯人》（*The Golden Age of Persia: The Arabs in the East*）对这一过程的叙述最为详尽。[1] 但即使在这本伊朗研究著作中，其标题与副标题间似乎也有矛盾。这个矛盾教科书式地反映了一个问题，即谁才是伊斯兰早期伊朗的代表性族群。这一时期伊朗高原文明的大放异彩应该归功于阿拉伯入侵者，抑或是伊朗本土居民？是仅仅穆斯林获得了发展，还是整个社会都在上升？我们也能在波斯语作品中感受到文化活力吗，还是仅仅见于阿拉伯语作品？同样的，这种文化活力是穆斯林作品的专利，还是也出现在琐罗亚斯德教徒、基督徒和犹太人的作品中？

　　长期以来，历史学家叙述这一时期历史的惯例是重伊斯兰

教更甚于伊朗。750 年（伊斯兰历 108 年），伊朗地区暴动浪潮
汹涌，旨在推翻完全是阿拉伯政权的倭马亚王朝。这场浪潮促
使许多伊朗领袖及其军队改信伊斯兰教，被视为伊斯兰教历史
的一个转折点。暴动的受益者阿拔斯王朝逐渐接受一个世纪前
降伏于阿拉伯入侵者的萨珊波斯之宗教仪轨、行政制度与文化
习俗，虽然人们在多数时候常常视之为伊斯兰教从多元人群中
汲取新元素、以丰富自己文化传统的典范。伊朗的名人、军队
与争论，形塑着伊斯兰教制度的发展，他们不仅活跃于巴格达
的舞台上，而且出现在伊朗各地迅猛发展的城市中——这还是
在伊朗被阿拉伯穆斯林以卓绝武功并入哈里发帝国后，许多争
议性历史话题仅以阿拉伯语记载的情况下。

　　当然，以上的所有历史记叙尽管不太像是阿拉伯历史的一
部分，但从伊斯兰历史的角度来看都是合理的。因为研究阿拉
伯的专家经常忘记提及许多最杰出的中世纪阿拉伯作家都是在
讲波斯语的家庭中长大。但是，无论哪种记叙，都缺少关于伊
朗心脏地带在 650—1000 年（伊斯兰历 29—390 年）间所发生
的转型的记叙，以及转型在随后的 1000—1200 年（伊斯兰历
390—696 年）间又是如何失败的大部分叙述。

　　有着政治史导向的历史学家可能会指出，伊朗实际上仅是
以伊拉克为中心的帝国的一个部分，它自身并不是一个集权国
家。他们认为凭此足以解释这种对伊朗的轻视，毕竟当哈里发

势力在 9 世纪（伊斯兰历 3 世纪）开始受到侵蚀时，伊朗仍分裂为 7 个伊朗裔统治者治下的独立或半独立地区。这些后继诸国的重要性已得到充分和适当的认识，特别是它们所保留的伊朗特色，例如使用前伊斯兰象征符号和赞助波斯语写作。[2] 然而，直到 11 世纪（伊斯兰历 5 世纪）乌古斯人建立塞尔柱苏丹国之前，后继诸国没有谁能单独控制伊朗大部分地区，而且这些伊朗裔统治者之间争战不休，因而，难以把它们各自的历史轻易地汇总成伊朗的整体历史。

　　本书专注于从经济方面考察伊朗的历史转型，而研究经济只能依赖稀疏且通常是间接的史料，不过，有理由在更宽泛的意义上，以评估伊斯兰早期伊朗历史的意义，具体地说就是它对世界历史的影响，来结束本书。

　　长期以来，对伊朗整体历史的关注一直都在前伊斯兰时代的各帝国，如阿契美尼德、塞琉古、帕提亚、萨珊等。[3] 不过这些帝国的中心均在美索不达米亚，通常在巴格达附近，现存政治史叙述大都涉及与美索不达米亚以西诸敌的冲突，比如希腊人、腓尼基人、罗马人、拜占庭人。关于伊朗高原的信息少之又少，要不是有考古发掘，我们对那时的伊朗几乎一无所知。然而，已知的一点点，也是与（传统描述的）历史图景相一致：那时的伊朗主要是乡村，农村贵族过得挺滋润，基于乡村的谷物种植经济，城市化程度极低，在帝国政治体内的主要角色是

129

为君主的部队供应骑兵。奇怪的是，这一描述与直至1500年(伊斯兰历905年)左右的后塞尔柱时期的伊朗图景差距不大，所不同的只是后者的游牧经济剧增，以及相当持久的城市生活，尽管较10世纪(伊斯兰历4世纪)的鼎盛时期有所衰弱；同时，美索不达米亚一向作为帝国中心凌驾于伊朗高原的那个地位也不复存在。正如一般史书所述，塞尔柱和后塞尔柱时代的骑兵是为在伊朗统治者而战的。

从萨珊灭亡到塞尔柱人崛起间的几个世纪中，伊朗突然发展成世界上生产力最高、最具活力的城市社会之一。那么，这一转型产生了哪些影响呢？在回答这个问题前，让我们从更宏观的视角来看看这一转型。

在电影制作中，"跳接剪辑"(jumpcut)是突兀地甚至令人不快地变换场景，有时会使观众感觉难以跟上剧情。本书前面各章也包含了这种跳接剪辑，从一个主题突然转换到另一个主题。现在我希望把各主题归纳在一起，以期从一个更具叙述性的视角，将本书所述有关伊斯兰早期伊朗经济的论点，与我先前出版的作品中阐述的其他相关论点联系起来。

阿拉伯入侵者终结萨珊帝国时，并没有计划好接下来该干什么。不同的被征服地区适应政权更迭的方式也是多种多样的。在伊朗高原，阿拉伯人所接管的主要是一种自给自足的农业经济，尽管也有一定的贸易，大多是沿着连接美索不达米亚

与中亚、中国的商路上的奢侈品贸易。贸易点是商路沿线许多
建有要塞的小城镇。阿拉伯军队向东进攻至距其沙漠家园 2000
英里远的吉尔吉斯斯坦，而在别的地方，他们稳定控制的边界
都是更邻近阿拉伯人所熟悉的地区，即从安纳托利亚南部的托
鲁斯（Taurus）山脉直到埃及尼罗河的第一瀑布，这些事实表
明，中东的新统治者完全了解丝绸之路贸易的重要性。一些阿
拉伯商人或牧民可能在穆斯林征服前就已加入了丝路贸易，又
或是这些人自己变成了穆斯林。

　　征服不仅造成新的统治精英，还使大量资金以战利品、军
费和税收的形式流入阿拉伯人手中。在伊拉克、埃及和突尼
斯，或巴勒斯坦和叙利亚这些与阿拉伯沙漠传统部落牧地紧
邻的地方，阿拉伯人集中在大型营地里，与此不同的是，伊朗
的穆斯林统治则依靠分散广布于许多战略要地的小型要塞。
戈尔干驻扎着比其他大多数地方都要多的阿拉伯人，因为这里
是伊朗与北部卡拉库姆沙漠突厥人的边境；同理，梅尔夫驻军
最多，因为要守卫阿姆河和卡拉库姆的边境。在东部更远的地
方，巴尔赫有阿拉伯军队的一个大要塞，因为要确保穆斯林对
阿富汗北部和阿姆河以北山区的控制。这都是在 750 年（伊斯
兰历 132 年）以前。

　　在阿拉伯人小型定居点之一的库姆，关于阿拉伯人如何适
应伊朗生活的一个答案，似乎反映了山麓地带较为普遍的状

况。一些几乎可以肯定源自也门的阿拉伯创业者在寻找投资目标时（抱歉使用了这个不合时宜的现代术语），最终落实到挖掘坎儿井，以此创建出专门种植棉花的村庄。

在这类村庄出现的阿拔斯王朝早期，伊斯兰法律开始成型，其中包括一项"宅地"条款，规定只要将荒地开垦为农田，就可以获得这片土地的永久所有权。据此，阿拉伯人挖掘坎儿井，以之灌溉沙漠，建立新村庄，开辟了一条成为地主的新路径，而无须与众多的伊朗地主争夺地权，后者也得以继续保有自己的村庄。伊朗山麓地带的地理环境及悠久的坎儿井挖掘技术提供了支撑，不过这种方式在其他被征服地区就无法轻易模仿了。在扎格罗斯山脉的更西边，或者在捷詹河、穆尔加布河、阿姆河和泽拉夫尚河沿岸更东部的耕地，阿拉伯定居者似乎找到了其他机会，但库姆的特殊信息极具启发性。

为了挣出挖掘坎儿井和修建村庄的高昂费用，包括少数非穆斯林在内的新创业者们选择种植夏季作物而非谷物。小麦和大麦曾是萨珊农业的主要支柱，通常在可用雨水、泉水或径流灌溉的土地上种植，这些土地都不需要对灌溉进行大量投资。石榴、杏、瓜类和蔬菜适合在城镇附近的灌溉田园种植，以供当地人消费。但对于偏远的村庄来说，理想的农作物是棉花，棉花是大多数伊朗人都不熟悉的植物，而来自也门的阿拉伯人在家乡就已学会如何种植和加工棉花。

就总种植面积而言，棉花还不能取代粮食的地位，但它带来的影响仍然改变了非农业经济。棉花必须经过去籽、清洗、梳理、纺线，然后才能织成布。根据织物不同，还会有染色、漂白、制成布匹和裁缝等工序。这些手工业过程需要劳动力更集中，远超农村通常能提供的劳动力，而成品的运输和销售同样依赖于发达的市场营销系统。因此，作为商业农产品的棉花提供了一种经济动力，使阿拉伯人的驻军要塞扩展到更多的城镇。

萨珊时代的伊朗高原对棉花种植和棉布几乎毫无了解，尽管中亚因与印度接触已有小规模的棉花引进。不过到 9 世纪（伊斯兰历 3 世纪）初，棉花已发展成阿拉伯－穆斯林社会的经济支柱，使之不再主要依赖军事行动。同时，棉花已与伊斯兰教建立起牢固的教义联系。伊朗穆斯林学者中很多人（至少占 40％左右）从事棉花生产，或从其中的某一环节获益，使反丝绸、亲棉纺的学说在他们中流行起来。这种学说有些可直接追溯到穆罕默德的圣训，有些则是早期阿拉伯人对战败的萨珊精英的抨击。宗教戒律使新皈依者试图模仿阿拉伯人和最早那些改宗者朴素的衣着风格，鼓励了棉纺织品消费的快速增长。在大多数非穆斯林的精英阶层，萨珊时代的丝绸锦缎仍然很流行。同时，丝绸也开始在穆斯林非军事精英中流行，尤其是在巴格达。但即便如此，宗教禁令还是通过政府在提拉子设立工

132

厂获得敬重，这些工厂用棉花和埃及的亚麻制作荣誉袍，明白地表达了伊斯兰教对纺织品的偏好。

从服装偏好到陶瓷，穆斯林与非穆斯林的生活方式之间发生了明显的竞争，尤其是在成长中的城市里。穆斯林的朴素和对阿拉伯书法的推崇，与萨珊奢华且具象的装饰风格形成了鲜明的对比。棉花或许也促进了伊斯兰教的传播，因整个新建的棉花村庄被归入穆斯林聚居地，那些被吸引来村庄工作的农民也就成了穆斯林，不管他们自己是否真信或对伊斯兰教义的理解到底有多深。

谷物和棉花的税率差异表明种植棉花的利润很高，而且伊拉克的地理条件不适合种植棉花这个事实本身加强了伊朗棉花的利润，因为那里的阿拉伯人和新皈依者只能购买从伊朗进口的布料。在 9—10 世纪（伊斯兰历 3—4 世纪），棉花大繁荣推动了伊朗城市规模的旺盛增长，为城市建设和土地投资提供了资金；纺织业提供了就业机会，鼓励新皈依者迁入城市并分享以伊斯兰教为中心的繁荣。此前，本地生产的手工业商品从未在整个伊朗经济中发挥如此重要的作用，也从未能与丝路商队的货物一争高下。

穆斯林社区的精英学者（乌理玛）通过对棉花消费的宗教支持和对棉纺生产的深度参与，位居城市化和商业的中心。到 10 世纪（伊斯兰历 4 世纪）末期，最显要的学者家族通过产业

继承或通婚，对商业和地权利益的掌控如此之深，以至于他们
成了主宰地方城市社会与政治的贵族阶级，与更古老的、法定
的罗马贵族相比，他们更类似于中世纪晚期欧洲城市精英那种
模式。可以肯定的是，许多乌理玛家庭都在棉花外还有其他的
商业利益，但身穿简单的白色棉布或亚麻布衣服，成为延续至
今的一种宗教职业标志。

133

　　戈尔干的杰出学者阿布·萨德·阿尔－伊斯玛理（Abu Sa'd
al-Isma'ili，卒于 1007 年，即伊斯兰历 397 年）的传记中有一条
材料反映了这一发展的缩影。在赞扬传主渊博的阿拉伯语和伊
斯兰法律学识，以及他的虔诚和慷慨之后，传记作者写道：

> 　　真主赐福给他的例证之一是，在死亡临近之际，他拥有
> 的所有财富都远离了他。他运往 Bab al-Abwab（里海西侧的
> 杰尔宾特，Derbent）的棉花沉没于里海，他自伊斯法罕发
> 来的货物被库尔德人抢走，从呼罗珊运来的小麦被一帮人掠
> 去，他在库斯卡拉（Kuskara）村的庄园被卡布斯·伊本·乌
> 什马吉尔（Qabus ibn Washmagir，当时戈尔干的统治者）下
> 令拔掉树木、填平坎儿井，并没收了园中的所有财产。[4]

　　即使在 10 世纪（伊斯兰历 4 世纪）棉花大繁荣消退之际，
伊朗富于创造力的城市文化仍在扩张。许多个世纪的传统不会

轻易消退，在 9—10 世纪（伊斯兰历 3—4 世纪）之交加入穆斯
林社区的伊朗地主家庭，才不会仅仅因为穆罕默德生于麦加，
就一边倒地什么都学阿拉伯人。此时哈里发已经丧失了政治控
制力，伊朗多数地方都是由伊朗裔诸侯掌权的。前伊斯兰时代
的风格和品味重新出现，波斯语也获得文学上的复兴。城市社
会变得更为复杂多元。一些贵族家庭保留了早先以阿拉伯为中
心的穆斯林习俗，但其他一些则偏向新潮的、更接地气的、
对新信徒也更友好的态度和做法。这种裂痕导致了派系冲突的
增长，尽管名义上只是与（逊尼派）对伊斯兰教法的理解有
分歧。

134   棉花仍然是制造业和外销经济的支柱，但到了 10 世纪（伊
斯兰历 4 世纪）中叶，棉花的声望已不复往昔，不再是民间精
英们偏爱的服装面料。同时，由宗教改宗和寻求经济机会引发
的自乡村向城市的移民运动也到了一个临界点，缺乏劳动力的
农村提供的剩余粮食只能将就着维持非生产性的城市人口。在某
些地区，例如呼罗珊的尼沙布尔，居住在十个最大城市中的人口
比例，已相当于欧洲城市化程度最高的北意大利和佛兰德斯。
然而不同于欧洲，伊朗的高原城市不能借助廉价的水运从遥远
的产粮区运输食物。[5] 因此，干旱和农作物歉收带来的威胁日
益严峻，迫使政府降低小麦和大麦的税率，以维持必要的粮食
生产水平。也许这是导致部分土地由种植棉花改为种植谷物的原

因，反过来，这会减少棉花生产和外销数量，从而影响到城市的经济生活。

尽管 10 世纪（伊斯兰历 4 世纪）上半叶的一系列严冬赋予伊朗北部气候变化的意味，但直到 11 世纪（伊斯兰历 5 世纪）大寒流才出现。那时，很大程度上由棉花繁荣所支撑的中产阶级的生活方式，以及由棉花繁荣所造成的贵族阶层对社会的主宰，已然显现出受到压力的迹象。宗教派系之争日渐增多，贵族家族间亦仇怨不已，饥荒和疾疫频频发生。不过，史料过于零碎混乱，我们难以确定真实情况。

史料显示得更确切的，是乌古斯人大规模从中亚进入伊朗。一般对中亚游牧人的刻板印象是他们专注于养马，但此时进入呼罗珊的部落还牧养单峰驼，前者自是军用必需品，后者则为丝路商队贸易提供重要的手段。乌古斯牧民将雌性单峰驼与雄性双峰驼杂交，繁殖出体格更大更健壮的牲口，适合驮载重物，雌驼也适合骑乘以穿越沙漠。乌古斯人本来活动于卡拉库姆沙漠北部，新迁移地则位于同一沙漠温暖的南缘。

不清楚土库曼人究竟为何被允许迁入呼罗珊，也许批准这次迁徙的伽色尼王朝苏丹马哈茂德认为移民可以融入原有的经济体系，能成为珍贵牲畜的供应者。在乌古斯人方面，气候变冷一定强化了他们迁徙的意愿，因为单峰驼很难熬过寒冷的冬天，即使这不是唯一的理由。结果，首批土库曼移民转为劫掠，其中部分人为伽色尼军队所驱逐。这种转变可能还是长期存在的牲畜问题造成的，因为许多移民没有返回中亚或北进花剌子模，而是向伊朗腹地继续掠夺。最终，他们踏上前往安纳托利亚的路。

乌古斯人的下一波迁徙浪潮，同样是请求从卡拉库姆沙漠北部迁移到较温暖的沙漠南部。很可能，第二波迁徙和第一波一样是迫于牲畜危机。马哈茂德苏丹的儿子马苏德担心噩梦再现，遂以武力应对由塞尔柱家族领导的乌古斯人。最终，马苏德苏丹兵败于决定性的丹丹坎战役，被迫将呼罗珊割让给塞尔柱人。

既不同于前一波先来的乌古斯人，又不同于一个多世纪后于1153年（伊斯兰历547年）在呼罗珊意外击败最后一位强大的塞尔柱苏丹桑贾尔的那批乌古斯人，塞尔柱人率领进入呼罗珊的乌古斯部落民保持着纪律，帮助新统治者建立起统一又相当和平的统治，西起伊拉克，东抵北阿富汗。经济方面，著名历史学家安妮·兰布顿写道："塞尔柱入侵似乎整体上并未对农村繁荣的连续性造成重大破坏。"[6]但是，她讨论中所列证据主要是关于受大寒流影响较小的伊朗南部。她也承认，呼罗珊的重要性在显著下降。塞尔柱土地政策的特点是日益依赖颁授土地（伊克塔，iqtaʿ），以换取人们为军队或政府服役。这样给予被颁授土地者压榨农民的权利，或许可以暂时提高收入，但无补于恢复环境恶化地区低迷的生产，也不可能鼓励土地所有者对自己的资产加大投资。

塞尔柱家族的强大领导力可能植根于此前参与丝路商队贸易。像 13 世纪（伊斯兰历 7 世纪）的蒙古人一样，塞尔柱人的经济注意力集中在远程贸易上。影响之一是，这有助于推广源自中国原型的艺术风格及技术，鼓励统治阶层增加奢侈品消费。

尽管塞尔柱早期仍处于不可否认的繁荣中，但不能掩盖的事实是，此时伊朗北部的农业基础设施正遭受多重因素的严重破坏，包括游牧人入侵、农村不安定、政府管理缺乏，再加上（尤其是）大寒流。绝大多数城市陷入严重的教派冲突。派别敌对始于 10 世纪（伊斯兰历 4 世纪），但敌对日益暴力化显示了对逐渐稀缺和供应不稳定的物资的争夺。

到 12 世纪（伊斯兰历 6 世纪）前期，伊朗北部已进入衰退。贵族家庭成员，但凡在伊朗境外拥有最基本经济来源和文化联系的，都迁移到了伊拉克、叙利亚、安纳托利亚或印度。前塞尔柱时代由贵族支撑的中产市场消费逐渐消退，伊朗进入一个对伊斯兰宗教文化发展贡献甚微的长时段。桑贾尔之后，花剌子模诸沙无法恢复伊朗的繁荣与秩序，凸显了本地区遭受大寒流破坏之烈。虽然那时气候已转回温暖，但伊朗的人力和经济资源已然耗尽，在蒙古人入侵前没有任何显著的恢复。

137

伊朗的繁盛时刻在世界范围内产生了五项重大影响，这是伊朗之前或之后各历史时段都无法比拟的：第一，在阿拔斯王朝统治下，美索不达米亚取代地中海东部沿海地区，成为从中亚到突尼斯间广阔而均衡发展的经济区域的中心。扎格罗斯山脉以东土地的税收和商业财富，化作银迪拉姆，数量超过了叙利亚、巴勒斯坦、埃及和北非等早期城市化经济区所得的金第纳尔。自公元前 500 年到阿拉伯征服之初，统治美索不达米亚的前伊斯兰诸王朝一再试图向西扩张，而后来的穆斯林国家则更注重东部事务。阿拔斯王朝的哈里发很少前往埃及、巴勒斯坦或叙利亚沿海，突尼斯更是首个在 800 年（伊斯兰历 183 年）后很快由巴格达哈里发授予自治权的省份（作为上缴年贡的回报）。而相比之下，前十位阿拔斯王朝统治者全都深入参与了针对伊朗高原的军事行动或政治阴谋，其中如阿尔·马赫迪（Al-Mahdi）、哈伦·拉希德（Harun al-Rashid）、阿布·马蒙（Al-Ma'mun）和穆阿台绥姆（al-Mu'tasim），都在伊朗度过了很长时间。

这种东方取向反映出推动贸易的力量核心发生了变化。丝绸之路始终在寻找一个主要城市作为西端终点站，选择对象则是靠近底格里斯河和幼发拉底河、从巴比伦到泰西封的一系列

美索不达米亚首府，最终选定了巴格达。在早期诸王朝时，大
量丝路商品由商队向幼发拉底河上游转移，为的是前往地中海
商业区，在杜拉·欧罗普斯（Dura Europus）或帕米拉（Palmyra）
等地出售，这些转口市场都位于美索不达米亚诸国与西方竞
争者的边境上。而在伊斯兰早期的几个世纪里，这些地方再未
出现大型贸易中心，也看不到叙利亚、埃及或拜占庭治下安
纳托利亚的商人与巴格达进行广泛的贸易。看起来，日益繁荣
的伊朗城市为丝路商品创造了一个宽广的出口，但在之前的许
多世纪里，驮载这些商品的商队只是从伊朗北部经过，在各个
中继点并无太多交易。这样发展的结果，使得伊朗高原城市居
民的偏好和风格，成为新兴的阿拔斯伊斯兰文化的决定性组成
部分。

　　第二，750—1100 年（伊斯兰历 132—493 年）间，埃及、
巴勒斯坦和叙利亚皆处于伊朗发展的阴影之下，以至于它们在
这个时期的中东历史上显得相对无足轻重。这一现象自法老时
代以来从未有过，而且在伊朗经济遭大寒流破坏之后也不再发
生，大寒流造成的伊朗经济衰退使地中海沿岸恢复了它们在中
东的崇高地位，至今依然。自 750 年（伊斯兰历 132 年）以来，
这种经济地位下降的表现是 909—1171 年（伊斯兰历 296—566
年）间法蒂玛王朝的兴衰。法蒂玛王朝是这个时期内地中海东
岸唯一真正重要的穆斯林政权，统治着突尼斯、埃及和叙利亚

138

海岸，在政治和教义上都与定都巴格达的阿拔斯王朝为敌，然而实力的不足使它始终不能形成有效的军事挑战。

另一类证据来自收录穆斯林宗教学者的综合传记辞典，这些学者的名字可以反映他们的地理分布。统计字典中出现的地理性人名，可知在 743—1179 年（伊斯兰历 125—575 年），著名学者来自埃及、叙利亚和巴勒斯坦的比例从未超过 20%，之后突然上升到主导地位；相比之下，在 840—1131 年（伊斯兰历 225—525 年）仅伊朗一地的著名学者比例也从未低于 30%，随后这一比例开始下降（见表 5.1）。

表 5.1　穆斯林宗教学者中的地域代表性

年份（公/回）	合计	伊朗	伊拉克	埃及	叙利亚	埃＋叙	其他
709/91	161	9%	46%	6%	12%	18%	27%
734/116	180	8%	61%	4%	13%	17%	14%
758/141	199	12%	62%	6%	12%	18%	8%
782/166	213	24%	54%	4%	10%	14%	8%
806/191	133	38%	39%	6%	13%	19%	4%
831/216	136	32%	48%	7%	4%	11%	9%
855/241	186	38%	39%	4%	10%	14%	8%
879/266	185	37%	39%	5%	12%	17%	7%
903/291	184	40%	36%	3%	10%	13%	11%
928/316	173	36%	42%	6%	8%	14%	8%

续表

年份 （公/回）	合计	伊朗	伊拉克	埃及	叙利亚	埃＋叙	其他
952/341	168	41%	32%	5%	10%	15%	12%
976/366	144	39%	31%	7%	12%	19%	11%
1000/391	123	51%	22%	4%	10%	14%	13%
1025/416	154	49%	29%	3%	6%	9%	13%
1049/441	127	39%	34%	4%	8%	12%	15%
1073/466	159	36%	33%	4%	11%	15%	16%
1097/491	151	32%	32%	5%	15%	20%	16%
1122/516	189	23%	37%	6%	20%	26%	14%
1146/541	193	23%	39%	7%	19%	26%	11%
1170/566	228	14%	29%	9%	38%	47%	10%
1194/591	192	6%	17%	11%	49%	60%	17%
1219/616	219	8%	12%	10%	60%	70%	10%

　　如果巴格达的统治者和伊朗各地的那些地方领袖中，有人关心下西方正发生的事情，中世纪地中海历史的走向将会有很大的不同。西班牙已走上分离之路；突尼斯征服西西里岛也没有引起东方的关注；法蒂玛王朝对突尼斯、阿尔及利亚和摩洛哥的吞并，一直被视为海外奇谈般无人关心，直到新出现的伊斯玛仪什叶派反哈里发者成功地扩张到埃及以及叙利亚部分地区。甚至即便在那时，美索不达米亚和伊朗的官方，仍然把伊

朗伊斯玛仪派的阿萨辛派（the Assassins）当成更大的威胁。

那么，对叙利亚－伊拉克沙漠以西穆斯林事务的更大关注，是否意味着对基督教欧洲会有更强劲、更协调一致、更侵略进取的态度？会使地中海贸易更加活跃吗？是否会增加欧洲对伊斯兰教的认识和担忧？没有答案。但显而易见的是，11 世纪（伊斯兰历 5 世纪）的气候变化在伊朗引发了大规模经济困难，以及相应的游牧化、城市衰败和学术精英移民，历史也见证了地中海穆斯林各国与基督教诸国相互间经济、文化、政治互动的明显复苏。伊朗活力的减弱促成了地中海沿岸的复兴，这么讲某种程度上并不是那么难以置信。

第三，伊朗的高光时刻永远改变了高原上的生活样态。尽管游牧人会时不时地前来掠夺甚至推翻统治王朝，但"伊朗是城市之地"的观念经久不衰。即便在王朝把村庄当作奖品赏赐给某些人，使他们成为土地拥有者之时，前伊斯兰时代那种武士贵族零散村居的模式也没有复兴。新的土地所有者有些是部落首领，这种情况下他们的确可能居住在乡下，但即使作为牧民，他们还是选择住在城里或郊区，派遣代理人从村庄收取地租。时至今日，伊朗人自我介绍时还是基于家乡的中心城市、传统习俗或本地产业，如他们是拉什特人（Rashti）、设拉子人（Shirazi）或大不里士人（Tabrizi）。如果没有 9—10 世纪（伊斯兰历 3—4 世纪）的城市化，那么在经历一个世纪之久的蒙古统治加上帖木儿时代的再度破坏之后，就不会有某种内在的经济模式，来引导伊朗在 15 世纪（伊斯兰历 9 世纪）实现复苏。

第四，语言方面的影响。所有研究伊朗和伊斯兰教的历史学家，都在猜测阿拉伯语何以未能在伊朗获得统治地位，如同它在伊斯兰初期征服时在其他被征服地区那样。以阿拉伯字母书写的新波斯语是一种简化后的共通语，出现于伊朗经济大繁荣时期，等 11 世纪（伊斯兰历 5 世纪）大寒流到来时，大量的文学作品已经用这种语言创作。当然这并不意味着征服前的伊朗各语言，包括中古波斯语（Middle Persian）、帕提亚语（Parthian）、粟特语（Sogdian）、巴克特里亚语（Bactrian）、花刺子模语（Khwarazmian）等，都迅速消失了。的确，塔吉克斯坦某地仍在使用粟特语的现代派生雅格诺比语（Yaghnobi）。新波斯语的不同寻常不仅在于使用阿拉伯字母，还在于它深入统一了伊朗语言区，这一广大区域此前在政治上是分裂的，语言文字也是多样化的。

以阿拉伯字母为象征的宗教，也以表面上的共同点强化了新波斯语的统一。琐罗亚斯德教徒继续用中古波斯语写作宗教书籍。但某种程度上，一旦伊斯兰教需要进行教义层面的表述，它还是倾向于使用阿拉伯语，因为那是《古兰经》的语言。此外，穆斯林的宗教精英们很多代都偏爱以阿拉伯语写作，而把新波斯语留给诗人、讲故事的人和历史学家，至少早期是这样。新波斯语的早期作品中，很少有关于伊斯兰教的。不过，10 世纪（伊斯兰历 4 世纪）前的作品很少，主要是诗歌和浪漫故事。

141

另一个共同点是始于 9 世纪（伊斯兰历 3 世纪）初由棉花大繁荣引起的、以城市为中心的经济联系。在建设新经济和扩充增长中的城市人口方面，穆斯林起着主导作用。他们还是远程陆路贸易最活跃的参与者，最东到撒马尔罕，将棉布（和其他商品）运送到西至巴格达的巨大消费中心。因此，新波斯语的兴起，可能正如伊斯兰历史晚期中的斯瓦希里语和印尼语一样，作为一种商业语言，以简化的语法和构词法来弥合各种中古伊朗语言间的差异，再加上采用阿拉伯字母，方便借入阿拉伯语词汇。除了大多数非穆斯林伊朗人，所有识字的穆斯林都认识阿拉伯字母，这样，新波斯语就足以取代先前中古伊朗语多种多样的书写体系。

如果把新波斯语的崛起，看作是那些新兴的穆斯林商人和制造业者出于与伊朗语文化带其他地区同行沟通交流的迫切需求而产生的一种回应，会有助于理解新波斯语的统一性、简洁性和行用地域的广泛性。这就引起一种可能，新波斯语使用阿拉伯字母，是特意为了确立穆斯林的商业和文化网络。不过，将新波斯语的出现与棉花大繁荣联系起来，完全是一种推测。

这个时期的商业文献没有以任何一种语言留下痕迹，而且同期以阿拉伯语写作的伊朗诗人，远远多过尝试新波斯语的。

相比之下，伊朗农业经济在大寒流时期的衰退，与新波斯语在伊朗以外地区的传播之间有着相当明显的联系。塞尔柱时代之前，在伊朗以外的地方还不见有使用新波斯语的作家，可是到13世纪（伊斯兰历7世纪）时，以新波斯语创作而闻名的，在安纳托利亚有鲁米（Jalal al-Din Rumi，卒于1273年，即伊斯兰历671年），在印度有阿米尔·库斯洛（Amir Khusraw，卒于1325年，即伊斯兰历725年），他们各自创作出美丽的新波斯语诗歌。这里提到这些伟大诗人，不是要讨论他们的个体人生，而是要说明他们在伊朗以外拥有使用波斯语的听众、同行及追随者这一事实。众所周知，前伊斯兰时代伊朗的各个王朝从未将其语言输出到伊朗以外的地区，甚至包括美索不达米亚，要知道在阿拉伯征服前的上千年间，一直是伊朗人在统治这片土地。自塞尔柱时代以来，支撑新波斯语传播的不仅是土库曼战士在安纳托利亚、阿富汗诸部落在北印度的军事胜利，还有因故乡条件日益恶化而被迫离开伊朗外迁的知识分子与文学家。毫无疑问，13世纪（伊斯兰历7世纪）初的蒙古入侵是使伊朗衰落的最后一击，许多人逃离，一来是逃离被蒙古人毁灭的城市，二来也是逃离被大寒流冻死的庄稼。不过大量证据显示，早在蒙古人到来之前，伊朗人就已开始大规模外迁。同样也有

142

充分的证据表明，从孟加拉湾到爱琴海，作为行政管理和文化生活的世界性语言，新波斯语的出现在世界历史上打上了鲜明的印记。

伊朗大繁荣的第五个，也是最后一个重大影响是在宗教领域。在 16 世纪（伊斯兰历 10 世纪）萨法维王朝的庇护下，伊朗无论在名义上还是实际上都成了一个什叶派国家。关于什叶派在萨法维王朝之前的伊朗民间究竟发展得多深，以及萨法维王朝宣布新宗教身份后发生的强制改宗的程度如何，学者们的看法是不一致的。但大家达成共识的是，一个什叶派的伊朗，嵌在西边的逊尼派奥斯曼帝国、东北的逊尼派乌兹别克汗国及东南的逊尼派占多数的印度之间，这种地缘形势极大地塑造了穆斯林世界的历史，至今仍意义非凡。

另一方面，从 9 世纪（伊斯兰历 3 世纪）到 11 世纪（伊斯兰历 5 世纪），伊朗还是逊尼派为主的。当然，有许多迹象显示，什叶派时不时地会崭露头角。比如，白益王朝先信奉什叶派中的宰德派，后改宗什叶派的伊玛目派。伊斯玛仪运动也吸引了许多信徒，尤其是在大寒流时期。不过，快速城市化和棉花大繁荣期间，任何对作家、思想家和宗教领袖的统计都显示，逊尼派比什叶派要多得多。什叶派乌理玛自己编纂了主要学者名录，可是本书引据甚多的、以城市为单位的传记辞典收录的几乎完全是逊尼派学者，这些材料的体量比什叶派的任何汇编都要大得多。此外，如表 5.1 所示，大繁荣时期伊朗逊尼派知识分子大量向外输出，几乎抵达哈里发统治的所有地区。尽管伊本·艾玛德（Ibn al-'Imad）本人是叙利亚人，他的传记汇编提供了表 4.1 的数据（参阅第 4 章对表 4.1 的讨论），在塞尔柱末期之前，埃及和叙利亚的学者合起来所占的比例从未超过20%。

143

从 11 世纪（伊斯兰历 5 世纪）后期开始的宗教精英外迁，弱化了宗教领导阶层与人口中占多数的逊尼派信众之间的联系。与此同时，伊朗北部的教派冲突与城市衰落破坏甚至毁灭了许多清真寺以及培养宗教领导层的经学院（madrasa）。致力于宗教高等教育的经学院是 10 世纪（伊斯兰历 4 世纪）甚或更早首先出现在伊朗的，这种机构先是在伊朗遍地开花，然后传到伊朗以外，通常由伊朗教授担任学术领导。但到 13 世纪（伊斯兰历 7 世纪）初时，伊朗已没有多少像样的、仍在运营的经学院了，特别是跟当时在伊拉克、叙利亚和埃及等处兴旺发达的众多经学院比起来。

也许会有人争辩说，即使 1218 年（伊斯兰历 614 年）成吉思汗首次入侵伊朗之前逊尼派领导阶层还没有完全失势，以破坏性著称的蒙古屠戮也会把他们一扫而尽。但这个思路用到中亚就会有困难，不能解释为何逊尼派能在中亚顽强而持续地存在，而蒙古在那里的统治甚至更为持久。看起来，深受经济利

益腐蚀的伊朗逊尼派精神领袖们离去后，指引民众精神生活的
责任留给了更民粹而轻法制的苏菲派、阿里后裔以及把神意归
之于阿里家族的什叶派教士。换言之，尽管不是直接造成，但
推动并促成了伊朗什叶派崛起的，是曾经强大、富裕和高度体
制化的逊尼派宗教建制的瓦解。

过去三十年来，研究世界历史者都看重布罗代尔（Fernand
Braudel）对时间和因果关系的三重分法：事件（Event）、情势
（Conjuncture）与长时段（Longue durée）。"事件"可以发生在
144   任何给定时刻，宏观史研究者一般不会太关注。当各种力量和
体制以通常是复杂的方式汇聚，形成跨越数十年乃至更长时间
的历史新趋向，这就有了"情势"。"长时段"涉及时序上被拉
长的多种趋势，以至于当时很大程度上遭到忽视，即便它们能
造成持续数世纪之久的影响。专注于后两个历史维度的叙事，
通常力求超越传统的政治边界和王朝年代。

这里所说的"世界史上的一个时刻"，并未遵循和局限于
这三个维度。本书聚焦于一个特定的地点，即伊朗高原，以及
一个特定的时间，即9—12 世纪（伊斯兰历 3—6 世纪）。本书
所讨论的有时属于"事件"：农业创业者决定投资灌溉和棉花

种植；养驼人决定将牲畜转移到温暖的牧场，即使面对军事抵抗。有时则属于"情势"：宗教教义与经济利益的交织，以城市为中心的棉花产业发展中象征性的穆斯林优越论；农业衰落、乡村游牧化和城市教派冲突的结合，促使伊朗的宗教领袖和知识精英流离外迁。有时涉及"长时段"因素，特别是大寒流，即假设中东北部经历过持续一个多世纪的寒冷气候。

置于世界史的视野之下，这一"时刻"的影响既复杂又持久。不过，本书故事主要发生在历史学家通常不屑留意的时代。在伊斯兰征服后的头三个世纪里，棉花生产和快速城市化促成伊朗高原经济与文化的繁荣，使得一切都与之前的伊朗有了很大不同。纵然气候变化终结了伊朗的农业繁荣和活跃的城市社会，但伊朗人的影响却广布远传，伊朗这片土地上也留下了城市生活的记忆与样板，留待未来，当时机成熟时，伊朗将再度繁兴。这是一个值得铭记的时刻。

注释

1. Richard N. Frye, *The Golden Age of Persia: The Arabs in the East* (London: Weidenfeld & Nicolson, 1975).

2. 最完整的研究见Richard N. Frye, ed., *The Cambridge History of Iran,* vol. 4, *From the Arab Invasion to the Saljuqs* (Cambridge: Cambridge University Press, 1975)。费耐生此文覆盖了每一朝代。

3. 新出单卷本的范例参见Elton Daniel, *The History of Iran* (Westport: The Greenwood Press, 2000); Gene R. Garthwaite, *The Persians* (Hoboken, NJ: Wiley-Blackwell, 2005); 以及Michael Axworthy, *A History of Iran: Empire of the Mind* (New York: Basic Books, 2008)。

4. Hamza al-Sahmi, *Ta'rikh Jurjan aw kitab ma'rifa 'ulama ahl Jurjan* (Hyderabad: Osmania Oriental Publications Bureau, 1967), 134-135.

5. Richard W. Bullet, *Islam: The View from the Edge* (New York: Columbia University Press, 1994) , 136-137.

6. Anne K. S. Lambton, "Aspects of Saljuq-Ghuzz Settlement in Persia," in *Islamic Civilization, 950-1150*, D. H. Richards, ed. (Oxford: Cassirer, 1973), 116.

索 引

（以下页码为原书页码，即本书边码）

译者分工

第一、二章　　孙唯瀚 译

第三章　　　　岑宇凡 译

第四章　　　　于子轩 译

第五章　　　　戴　汭 译